NONFICTION
論創ノンフィクション
046

ひとりの宇宙

新宿二丁目「星男」とクィアな私の物語

櫻田宗久

論創社

はじめに

私が東京に住んで二九年ほど経った。

ここ一〇年は新宿二丁目（以下、二丁目）から徒歩五分の家に住んでいる。大きなビルに囲まれ、二四時間、明かりが完全に消えることはない。いつでもせわしなく人々の気配がある。実家がある千葉は、海や山が近く、豊富な自然に溢れていた。だから、のどかな自然の風を感じたくなると、ふらっと千葉に出かけることも多い。

千葉の自然を満喫して新宿に戻ると、息苦しく感じていた場所にも妙にホッとする。やはり、ここが自分の場所なんだなぁ、とつくづく思うのだ。

東京の中でも、新宿はおもしろい街だ。若い頃は、柄が悪い人たちがたむろするような怖い印象があったので寄りつかなかった。いまは治安がよくなり、出歩いても怖くはない。大人になった私は、二丁目に通うことがきっかけになって、新宿のとりこになっていったのだった。

そして、いろいろな顔を持つ新宿の街に通ううちに、人々の多様性やその在り方について気づくようになった。そんな多様性を知ることができる場所は、飲み屋街だった。歌舞伎町、ゴールデン街、二丁目……。その他、たくさんの個性ある飲み屋街が新宿にはあって、それぞれの街に特色ある顔がある。

とりわけ、私が二丁目に強く抱いた印象は、「あらゆるマイノリティーに優しい街」というものだった。その居心地のよさと出会いにおいて、私が私らしくそのままでいることを許してくれ、包み込んでくれるような懐の大きさを感じた。

私が二丁目で「星男」というバーを開いて一一年目になる。

二〇二〇年一月からの新型コロナウイルス感染症の流行は、いろいろな意味で日本の人々に大きな影響をもたらした。特に、私と同じように飲食店を経営している人にとっては、営業をしたくても、させてもらえないという苦難の時代となったのではないか。最初は支給されるのか不明だった国の補助をありがたくいただきながらも、コロコロと変わる営業時間の指定や酒を販売できなかったりと、私自身ストレスを多く感じながら過ごしていた。

コロナ禍の数年前から、二丁目は外国人で溢れるようになった。また、LGBTQではない、いわゆる「ストレート」と呼ばれるヘテロセクシャルのお客様も、この一〇年も多くいるが、女性がおひとりで飲みに来ることも多く、セクシャリティを意識することも減ってきたように感じる。昔はよく「ゲイですか?」と質問された。いまは、その質問自体を聞くことが少なくなっている。多様な性の在り方にそれぞれが意識的になっていっていると感じる。

オリンピックを控え、街が盛りあがりつつある中でのコロナ禍。二丁目では営業する店がほとんどなくなり、道行く人の影も減り、それまでの盛況が嘘のような状況となった。

この本を書いている二〇二二年の前半は、コロナ禍による時短営業や休業が続き、飲食店にとってはいまだに先が見えない状況だった。だが、同年三月に緊急事態宣言が解除されてから、街は徐々に活気を取り戻しつつある。

写真家でアーティストでもある私のお店は、アートバーと銘を打っているのもあって、来てくれるお客様は様々だ。ジェンダー、セクシャリティそして年齢においても、多様な人々が訪ねてくる。店では、月に二回、別のアーティストの作品を店内に展示している。写真、絵画、人形、文章など、様々なジャンルの作品が展示される。

アートや表現に関する事柄に興味があり、自身もなにかの表現をしている人。これからしたいと思っている人。鑑賞が心から好きな人。好みは人それぞれだが、来てくれる人はみな、個人の表現というものに魅力を感じている人たちという印象だ。

男女を問わずヘテロセクシャルの割合は多く、私と話すのが楽しみだと思ってくれていたり、この場所に安心感を感じると言ってくれる方も多い。私自身、人物をカテゴリーに分けるような付き合い方は居心地が悪く、プライベートでもセクシャリティや年齢などに関係なく、人付き合いをしてきた。

誰かを好きになる、ということに対するヘテロセクシャルと性的マイノリティーとの違いは、社会的にはあると思う。しかし、根本的な感情においては変わりがないと私は信じており、多様な人々といることに居心地のよさを感じる。

自分がゲイだという現実は、生きづらさを伴うことも、もちろんあった。とはいえ、ゲイであることをカミングアウトして二六年。いまはありのままの自分を受け入れていて、また周りの人にも受け入れられていると感じ、のんびりと楽しく、自分らしく暮らしている。そして、私の人生として、むしろマイノリティーであるゲイでよかったと心から思うようになっていった。

他にもいろいろな生きづらさが社会にはあり、だからこそ似通った問題の共有ができる人々が集っているような感覚が、いまの二丁目や私のお店にはあると思う。美術家でドラァグクイーンのヴィヴィアン佐藤さんが、こんなことを話してくれたのが印象に残っている。

「星男は、あらゆる世界のマイノリティーが集まる場所」

その言葉は「マイノリティーの中においてもマイノリティーが集まる」と続く。言い得て妙で、最近になってじんわりと腑に落ちていった。

星男でいえば、マイノリティーではないがヘテロセクシャルである「男」や「女」の中のマイノリティー、LGBTQの中のマイノリティーなどなど。このことは、人だけではなく「アート」など様々な物事にもいえるように思えてくる。

そもそも、同じ人間はいない。それぞれが個性を持った主だ。

一人ひとりの違いをありのまま見つめ、自分自身の思いを表現する。これは、アートの醍醐味のひとつだと私は感じている。アートを人生と捉えてもよいだろう。自身の在り方と、自分とは違う他者の在り方、その違いを楽しんでいけたらよいのではないか。そして社会的にマイノリティーであるジェンダーやセクシャリティを肯定して生きている人がいる。そのことを知ることでも、自分のマイノリティー的な側面を感じている多くの人たちが、安心できるのではないかと思うようになった

ある意味、本当はみんながマイノリティーなのかもしれない。

マイノリティーで当たり前。人と違って当たり前。だから、それがたとえ少数でマニアックなことだったとしても、自分の心がウキウキするような本当に好きなことを話そう。

「あなたは、なにが好きですか？」

あなたが見て、あなただけが感じたストーリーを、他者にシェアして話してほしい。星男はあなたがあなたらしく生きるための入り口なのかもしれない。そして、星男は二丁目の未来を体現しているのかもしれない。それは私こそが小さい時から求めていた環境だった。

これは、私の目線で見て感じたゲイとしての経験、二丁目のストーリーだ。

私はこの経験の中で、二丁目やＬＧＢＴＱシーンで素敵な友だちや先輩と出会うことができた。これまでの経験と先輩たちとの邂逅が、私を生かしてくれていることを感じている。

そして、この経験は私だけが体験したものであり、それぞれのゲイや二丁目のストーリーが無限にあるということを念頭に、ここからのテキストを読みすすめてほしい。

ひとりの宇宙

新宿二丁目「星男」とクィアな私の物語

目次

はじめに　3

第Ⅰ部
ひとりの宇宙――新宿二丁目「星男」とクィアな私の物語

第2部

新宿二丁目で働く先輩に話を聴く

カバーイラスト　宇野亞喜良

第1部

ひとりの宇宙

——新宿二丁目「星男」とクィアな私の物語

Ⅰ

「おかま」って、なに？

一九七六年に生まれた私は、ピンクレディーがテレビに出ると泣いていたのが止まるほど、彼女たちが好きな子どもだった。

当時の記憶ではっきりと残っているのは、父が電器店を営んでいたので実家には木製の飾りが施された大きなテレビがあり、私はその中に本当の人間がいると思っていて、中に入りたいと思っていたことだ。歌番組が大好きだった私は、楽しそうなこの箱の中に入って、中の人たちと一緒に歌ったり踊ったりしたかった。

「自分が女性ではない」と気がついたのは、いつだっただろう。この問いは、「自分が男性だと気づいた」のはいつだっただろう、ということにもなるだろうか。

小学校に入る前だった。父とお風呂に入った時に、父のペニスが自分とは違うと強烈に思った。毛だらけで、野生的なそれを見て、もしかしたら将来「自分も同じようにな

幼児の頃（左から父、宗久、母）

るのかな？」という想像はしてみた。だが、自分のそれとはあまりにも差があり、完全にそうなるとはとうてい信じられなかった。

「父は男」という意識はあったが、「自分も男」と意識することはなかった。自分が子どもだということだけはわかっていて、性別を意識すらせず、単純に子どもであるという思い込みだけがあった。

私には姉が三人いて、いつも遊んでもらっていた。

車やメカなど、普通の男の子が好きなことには興味がなく、おままごとや着せ替え、人形遊びや歌を歌うこと、絵を描くことが好きだった。そのことについて、まわりの人たちの誰も変とは言わなかったし、おそらく私の個性として受け止めてくれていたように思う。

その頃の写真を見ると、初節句で立派な兜と一緒に着物姿で写った私と、はじめての男児の誕生を喜んでいるように笑う父の姿がある。父はいわゆる『男らしく』生きてもらいたかったのではないか？」と推測する。しかし、私は兜にまったく興味を抱かず、父の期待すら感じないほど自分の好きなものに夢中で、むしろ雛人形を欲しがるような子どもだった。その頃からいまに至るまで、かわいいものが好きなのだ。

私は、ただただ自分が好きなことをしているだけの子どもだった。

姉と遊んでいて、鬼ごっこなどをする時には、しばしば「おまめさん」という設定を与えられていた。この役割は、小さい子どもなので大きい子どもよりハンデをもらったうえで、みんなと遊べるというものだった。姉の友だちは全員が女の子で男の子は私だけだった。その中では性差よりもその役割のほうに焦点が当たっており、私が自分の性別を意識することがなかったことから、「おまめさん」という役割と性別を混同していたのではないか？　ふと、そう閃いた。つまり、当時の私は、女性と一緒にいる場所で差を感じるものが、性差よりもおまめさんという役割だったのだ。おまめさんはいつも、みんなにかわいがってもらい、優しくされた。

人と違うのはいけないこと？

保育園の時に好きになったのは女の子だった。私は、どういう気持ちでその時に彼女を好きになったのだろうか。いま考えてみると、自分の憧れを体現したかのような彼女のルックスを、まるでアイドルを好きになるのと同じように、好んでいたのではないか？ ひどい話だがまるで、お人形さんごっこをするために、好きな人形を選ぶような感覚だった気がするのだ。結局、小学校に入ってから、彼女とは毎日遊ぶほど仲よくなり親友になった。

当時の私は、女でも男でもなく、年少の子どもだった。好きなことには性的な意味はなく、憧れとしてただ好きなだけだった。父と私が同じ男だとは思えなかった。

私は乳離れが遅く、六歳くらいまで母の胸を吸っていた。私にとって、それは精神安定剤のようなものだったが、小学一年で不思議とぴたりとやめた。

小学校に入ったばかりの私は、いきなりはじまったように感じた管理社会の在りよう

保育園の頃（一番左が宗久）

に混乱していた。いままで自然にしていたことが注意され、人と違うと怒られるようになった。

クラスの男子に「おかま」と言われたのもその頃だった。そう言われた時、その意味は解らなかったが、馬鹿にされているということは伝わってきた。私が冷静にその意味を問い返すと、相手はなぜか手を出してきたので私もやり返した。

私は喧嘩が強いほうではない。でも、しつこさと持久力があったので、その喧嘩は長時間に渡って続いた。結局、私のしつこさに根をあげて、ぶつくさ言いながら相手は逃げ帰っていった。その後、学校で私に直接、「おかま」などの侮辱する言葉をいう人はいなくなった。

どうやら私は、みんなとは違うタイプに見えるらしかった。

どうして、人と違うといけないんだろう。

どうして、自分の好きなようにしてはいけないんだろう。

学校は違和感だらけ

小学校は、私にとって不思議に思える規則が多すぎる場所だった。だから、静かな反抗を続けていた。たとえば、教室の席が真っ直ぐに並んでいるのがどうしても気にいらなかった。朝早くから学校に行き、虹の形など好きなように椅子を並べて、登校してくるみんなを待ったりした。そのたびに、先生にはきつく叱られる。それでも懲りずに毎日席を並び替えることを続けた。クラスのみんなに呆れられながらも席を並び替え、みんなで元に戻すという日々が続いた。どうして、同じ席に座らなくてはいけないのか？綺麗に真っ直ぐ並ばなければいけないのか？　どうしてもわからなかったのだ。

音楽の時間になると、踊りながら歌ってしまう癖が抜けなかった。みんなに笑われながら、踊りながら歌っていた。保育園の時は、それでよいと教えられて好きにできたので、歌に合わせて踊ってはいけないという理由がわからなかった。

私は、度重なる矛盾や疑問に対して訳が解らなくなり、自分の理解がおよばない出来事が起こると奇声を発したり、狂ったように暴れるようになっていた。

　三女である姉は、私が入学した頃には小学六年で生徒会に入っていた。暴れたあとに私が廊下で泣いていると、「大丈夫?」とよく声をかけてくれた。家とは違う姿に見えた姉は、真面目にこの「学校」という世界の中でうまく演じられているように感じた。そんな姉がカッコよく思えたものの、私が同じことをするのはどうしてもむずかしかった。

　姉はちゃんとできるのに、どうして弟はできないのだろう。そう言われながら、私は小学校で問題児として扱われるようになっていた。さすがに私の素行がおかしいということで、先生が心配し、よくふたりきりになって話すことが増えた。

　先生は、私を特別な学級に入れたほうがよいと思っていることを両親に話した。母は、私が普段は普通に話せたり家族とコミュニケーションが取れていることを言った。そのうえで私が奥手なので、様々なことを理解するのに少し時間がかかるだけだと思うと言って、普通のクラスに残らせてもらえるよう先生に頼んでいた。

　私はどちらでもよかったが、いずれにしても、どうして私が矛盾ばかりだと思う世界で、クラスのみんなが当たり前のように振る舞えるのかが疑問で、自分にはなぜそれができないのかもわからなかった。

自分は男？　それとも女？

すこし経つと、おかまとは「女っぽい」ということを意味していることがわかった。つまり、私はクラスのみんなに女っぽいと思われているらしかった。女っぽいことが変だとはじめて知った私は、女っぽいということがなんなのか考えるようになった。女の子向けに作られたものが好きな自分を恥じるようになり、読みたい少女漫画を姉に買ってきてもらうようになったり、話し方を気にするようになった。しかし、本当のところ、自分のなにが女っぽいのかはいまいち解らなかった。

同じ頃、ひとりでブランコに乗っていたら、三女の姉とその女ともだち三人が私の周りに集まってきた。みんなの表情を見て、私はなんとなく嫌な気分になった。動物園の檻の中にいる動物を見るような目をしながら、彼女たちは次々と私に質問をするのだった。

「宗久くんは、おちんちんがあるの？」

「そのおちんちんは大きくなったりする？」

質問のあと、みんながどっと笑った。

なんともいえない恥ずかしさを感じた私は、なにも答えられなかった。

私は、彼女たちにとって嘲笑の的（まと）になる存在であり、けっして仲間ではなかった。いつも「おまめさん」といって、仲間に入れてくれていたので、私は仲間だと思い込んでいたのだ。

みんなに笑われながら、悲しい気持ちになったが、それよりもみんなにとって私が「男である」ということが重要だったということに驚いていた。

いつだって私は、みんなにとって男だったんだ。どうして、男というだけで分けられてしまうのだろう。私は姉たちを女という性差よりも、歳は離れているがいつだって仲間のような気持ちでいたのだ。

そのことについては、いまでも不思議な気分になってしまう。

私は、当時からいまに至るまで、自分を男や女だと心の底から思えない。

私という存在は、いったいなんなのか。みんなからたまにいわれるように、「宇宙人」なのかもしれない。

アルコール依存症だった父

父は、アルコール依存症で酒乱だった。

昼間は口数が少なく、優しかった父だが、夜になって酒を飲むとまるっきり正反対の存在に豹変した。

両親が離婚したのは、私が小学二年の時だった。それまでのあいだ、ふたりの喧嘩を絶えず見てきた。離婚後、母は長女と次女を引き取り、私は三女とともに父と暮らすことになる。すると、父の暴力衝動は私に向かうようになっていった。

殴られて血が出た私は、気が狂ったかのように大げさに振る舞った。父は一瞬たじろぐが、結局はさらに興奮していくのだった。そうやって振る舞うことにも疲れ、どうなってもいいやという思いが湧いてくると、次第に私は冷静になっていった。すると父は現実に戻されていく。

殴られた当初、私は強く抵抗をしていたが、ある瞬間を越えるとなにも感じなくなり、抵抗もやめた。父は、住んでいた県営住宅の五階のベランダから私を投げ落とそうともした。私ははじめ、恐怖で身を震わせていたが、そのうちそこから見える夜空の美しさに目を奪われていった。遠くの星を見るのと同じように、血を見てもただそこに血があり、その美しい赤色は、自分のものとは思えなかった。

父は何度も酔っぱらい、私を殴った。しかし、私を殴る行為は父自身に向かっている行為だということに、大人になってから気づいた。父にとって私は、幼かった自分自身だったのではないか？ そして、彼の父、私にとっては祖父が父にした行為の残像が、私に対する暴力と同化していたようにも思えた。

結局、父によるあまりの暴力に耐えかねて、私と三女は隣町に住む母の家まで歩き、家出をした。田舎の一駅はかなり遠いのに、その一駅分を姉とふたりでどれくらい歩いたのだろう。覚えているのは、歩きながらふたりでずっと歌を歌っていたこと。それと、照明を点けたり消したりできる引っ張るタイプの紐についているかわいいキャラクターが、母の家のゴミ置き場に捨てられていた。それを拾って、母にあげたことだ。母は、ふたりが歩いてやってきたことに驚き、パパと住みたくないと言う私たちを見て、泣きながら「ごめんね」と言った。それからすぐに母と暮らすことになった。

母の予言

母は、私たちを養うために美容室で長い時間働いていて、とても忙しかった。でも、美容の仕事をする母の姿は、いつも生き生きとしていて楽しそうに見えた。母や私にさんざん暴力を振るった父は、事業の失敗で多額の借金を抱えていた。母の前で父の話はタブーだった。一言でも父の話をしてしまったら、母の形相は恐ろしく変化し、その後は父の悪口が止まらなくなる。それを見るのが嫌になり、自ら父の話はしなくなった。

その時は、とにかく父と離れることができて嬉しかった。いろいろあったけれど、母や姉たちとの生活は、夢のように平和なものだった。母は、正直で天然な人だった。思ったことをそのまま言う。なにかが心に留まれば、留まっているあいだは同じ話をし続けた。

母は、私と父との相似をよく口にした。私が普通にお水を飲んでいると、母が怪訝そうな顔で私に向かって、「この子はお水をたくさん飲むから、父親のように大酒飲みになる」などと悪気なさそうにぶつぶつ言ったりした。

私は心の底から父のようになりたくないと思っていた。だから、絶対にお酒は飲まないと決めていたし、水を飲むだけで父に似ていると言う母の言葉を私は嫌悪していた。

母の予言めいた言葉は、私の中で呪いのように沈殿していった。それが原因かどうかは不明だが、私は一〇代からお酒を飲むようになっていた。高校一年の時には、自分の許容量を知らずに飲み過ぎて、急性アルコール中毒で病院に運ばれた。それでも懲りず、その後もアルコールがらみの失敗を続け、時には父のように暴れたりもした。


後日談になるが、私は三〇代になるとバーでアルバイトをはじめた。そして、三五歳になった時、自分の店をオープンさせた。奇しくも店の不動産契約の日、私が書類にサインをした直後に姉から電話があり、まさにその時、父が亡くなったということを知った。店の契約にこぎつけるまでには、多くの問題があった。このたいへんな道のりをクリアできたのは、もしかしたら父が見守ってくれていたからなのかな、とその時にふと思った。

父はアルコールによって人生を不幸なものにした。私はずっとそう思っていた。それなのに私がバーを開くというのは、皮肉であり、悪い冗談のようだった。とはいえ、その時はそんな細かいことが気にならないくらい、新しいはじまりへの期待で頭がいっぱいだった。

二〇一一年、東日本大震災が起こった年に、私と酒にまつわる新たなストーリーがはじまるのだが、そのことは後述する。

性の目覚め

小学校高学年になり、他校の同級生や先輩も集まる林間学校があった。

何日か宿泊するのだが、二段ベットが並ぶ部屋で、夜になると生徒たちが入り乱れて騒いでいた。ある夜、私のベットに他校の男の先輩たちが押し寄せ、なぜか私に抱きつきはじめた。

「セックスごっこだよ」

そう言いながらも、私のペニスを触るわけではない。いまから考えるとかわいいものだった。しかし、ふざけているはずの相手の表情が本気になっていると感じる瞬間も時にはあった。

他校だけではない。同じ学校の先輩や同級生たちも私を抱いた。抱いたといってもただ単に抱きついて眠るだけだった。なぜそんなことになっているのかわからない私には、不思議な感覚だった。一方、他者に求められることを嬉しく感じる私もいた。

中学に入ってからは、私の家が溜まり場になった時期があり、「抱かれる」ことがたびたびあった。性欲が強く出はじめる頃の衝動を抑えられない男子中学生だ。まだ女子とはできないようなことを、男子同士で遊びの延長で練習する感じだった。そして、私は決まって女子役だった。

中学生にもなると相手は、実際に女の子にするのと同じように私の体を触ってきた。私は、自分がゲイだと思っていなかったし、ゲイという存在が本当にいるのかも知らなかった。みんなもそうだったのではないだろうか。私が女っぽいことでみんなの性への興味を受け止める役割だったとも思える。

とはいえ、何度もそんな経験をしていくうちに、相手は単にふざけているだけであり、本当は女子を求めていることがわかってきた。しかし、私はその男友だちとの行為を本心から求めていることにも気づきはじめた。

そもそもはじめは、男同士で抱き合ったりじゃれあったりすることを自分で求めていたわけではなかった。それでも、おかまといわれたり、男同士で触れ合う経験が次々に

小学五年の頃（左から、２番目の姉、宗久、母）

訪れる状況に「まるでゲイになるために生まれてきたのではないか？」とすら思ったりもした。

そう思った時に問題となるのは、まわりにお手本となる人がいないことだった。インターネットもなく、情報は周囲の人やテレビや雑誌だけだ。テレビなどのマスコミではゲイというものが揶揄されていた時代だったし（実際の話としての情報はほとんどなかったと思う）、「自分がゲイなんて、やっぱり気のせいだ」と考え直しつつ、女の子を好きになっていた。

はじめてのキスをしたり、女の子との付き合いに興奮する。みんなと同じことができる自分にホッとするのだった。周りにゲイというものが存在しないのに（実際にはいるのだと思うが、当時はカミングアウトする人が身近におらずわからなかった）それを追い求めるのは、真っ暗闇の中にぽつんとひとり取り残されて、歩かなければいけないような恐怖があった。

ゲイ雑誌の衝撃

高校一年のある日、近所の本屋さんに行くと、奥のほうに怪しいスポットがあるのを発見した。なんとなくだがピンとくるものがあった。近寄って、棚に置いてある雑誌を手に取ると、男同士が絡み合っている写真が数多く載っているのを見てしまった。一瞬、世界が砂嵐のように感じ、時が止まったように思うほど衝撃を受けた。

こういう世界が本当にあったんだ。自分が心底それを求めていたことに気がつき、自分だけじゃなかったと安堵する気持ちと興奮が止まらなかった。ドキドキしながら数時間、店内を何周も回る。どうしてもその雑誌をレジに持って行けない。それでも何日か通って、とうとうその雑誌を買った。

その時に私が買ったはじめてのゲイ雑誌は、伊藤文學氏が編集長を務めていた「薔薇族」だった。その本屋は、ほかにも「さぶ」や東郷健氏が作った「The Gay」なども置いてあった。いまから考えるとゲイに良心的な店だったと思う。

まだまだ隠秘な雰囲気が残る「薔薇族」の情報から、当時流行っていた伝言ダイヤルを知り、四桁の数字を三回、暗証番号のように押して、それぞれの伝言ルームに入る。ゲイの伝言ルームも秘密裏にあった。数字を言葉に当てはめたうえで、ダイヤルしてみる。たとえば「0105 1004 0721」（男同士オナニー）といったように。その「予想」が当たり、ルームに入れた時の興奮は大きかった。

いろいろな人と伝言ダイヤルを使って連絡を取り、そのうち実際に相手と会っていった。伝言ダイヤルは、あくまでも音声だけなので、相手の写真を見られない。声と年齢、身長、体重という情報だけを元に直接会い、毎回ドキドキだった。タイプではない人の場合は、相手には本当に申し訳ないが逃げて帰ったりもした。そして、男性と一緒に旅館やラブホテルに行くことが、まるで大人になった気分でワクワクした。

ある時、アナルセックスを求められた私は、興味本意で受け入れた。だが、その行為の前にお尻を念入りに洗うという前提を私は知らなかった。すると相手が私のお尻を舐めた途端に吐いてしまい、それで終わりとなったこともあった。

近所に住む同世代の男の子と一緒にラブホテルに入った時のこと。そこは車で入るタイプのホテルだったが、ふたりとも気にせず自転車で入った。一晩過ごした早朝、自転車で外に出ようとした。するとホテルの従業員が私たちに向かってこう叫んだ。

「お前ら、全部カメラで撮ってあるんだからな！　学校に通報するから覚えてろ！」

一気に目が覚めると同時に、信じがたい現実に引き戻された。身体中の毛穴が開くような恐怖心を覚え、ふたりは別々の方向に向かって一目散に自転車で走って逃げた。この状況をどうしたらよいのか、頭がパニックになって、なにも考えられなかった。

家に帰ると、三女が起きてきた。私は、いま起きたことや自分が男性に興味があることを勢いあまって話してしまった。人の出入りや部屋の中を隠しカメラでたとえ撮影していたとしても、それを表に出すのは違法だろう。だから、単なる脅しだろうと姉は言ってくれ、私の告白にも動じない姿にようやく生き返った心地がした。

姉が言ったとおり、その後、特に問題になることはなかった。そして、その時の相手との連絡も途絶えたままとなった。

ゲイであるということ。それが元となって起こる出来事は、その頃の私にとって、とてもめんどうなものだった。できることなら普通であるほうが楽だ。そんなことは、誰にでもわかることだった。

その頃の「薔薇族」には、偽装結婚を勧めるような記事がよく書かれていた。そんなものなのかと思いながら、自分には嘘をつきながらの生活はむずかしいと思えた。

II

オーディション人生

中学に入った頃からオーディションの情報が載っている雑誌を毎月買い、応募しはじめた。送っては落選の繰り返しだった。ところが、中学の卒業前に受けた公開オーディションで最終審査まで進むことができた。映画のキャストを募集するものだ。最終オーディションは、広いステージでおこなわれ、テレビカメラも入った。大手映画配給会社によるこの企画は、前作がヒットして有名なスターを輩出したのを受け、第二弾をやってみようということで企画された。男女一〇名ずつの応募者が残っていたが、私以外はみんなどこかの事務所に所属していた。

東京の事務所に所属している同年代の新人タレントの話し方や振る舞いに、私は興奮していた。地元の千葉では聞けないような話ばかりだった。彼らの場慣れした様子は、楽屋にいる時に際立ち、みんなが大人びているように見えた。一方、ステージに上がる

中学二年の頃（右端が宗久）

と年頃らしい振る舞いをするのだ。

私は結局、落選してしまった。受賞のプレゼンターとして前回主演を演じていた憧れのアイドルが現れた。私は、これまで見たことのない輝きとオーラを彼女に見た。これがスターというものか。彼女を直接見ることができただけでも、オーディションに参加した意味があったと思うことにして、落ち込む気持ちを紛らわせた。

帰ってしばらくすると、やっぱり悔しいという思いが強く残っていることを隠しきれない自分がいた。オーディションで会ったみんなのように、事務所に所属したいという思いが膨れ上がってきた。そして、そのオーディションでグランプリを取ったタレントの事務所にすぐに履歴書を送った。一次審査を通過し、東京で面接をして、合格となった。晴れて事務所所属となったのだ。

まだ未成年ということで、千葉の木更津まで事務所の社長とマネージャーが来て、契約書には私と母でサインをした。その光景は、まるで独立した大人の行為のように思えた。やっとタレントになれる。小さい時からの夢が叶った気がして嬉しかった。しかし、現実は甘くはなかった。事務所に所属しても、なかなか仕事には結びつかなかった。

私の高校受験を母が心配しはじめたこともあり、なんの成果も残せないまま、事務所との契約はいつの間にか母に解消されてしまった。仕事に結びつけることができず、不甲斐なかったと心配してくれたマネージャーが、その事務所よりも規模が大きい事務所を紹介してくれることになった。こうして私は、母には内緒で新しい事務所に所属をすることになった。

所属してからは、オーディションの話がたくさんあった。私は個人でオーディションを受けるのには慣れていたから、

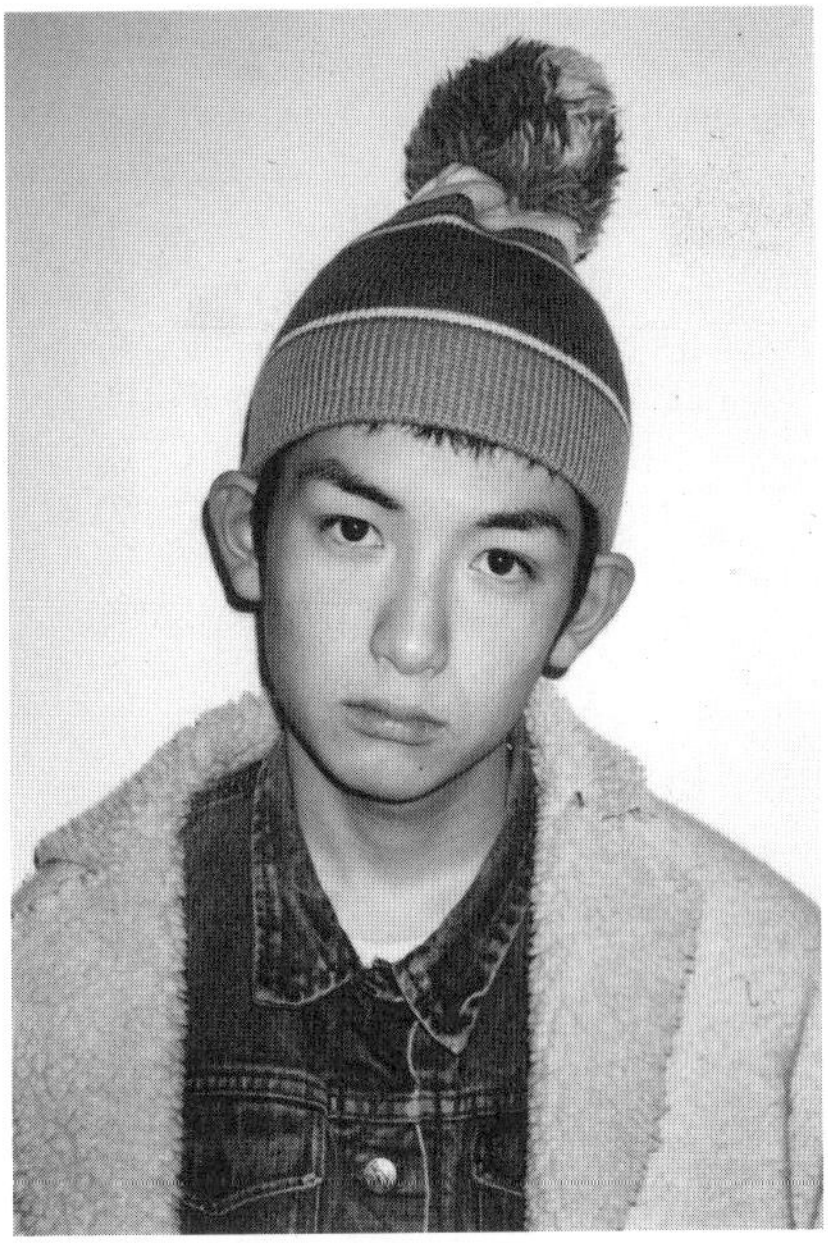

はじめてのオーディション時に送った写真

事務所所属の新人タレントとして同年代の同じ事務所のタレントが集められ、いろいろなオーディションに行くのは新鮮だった。

結局、事務所に入ってからも競争だったのだ。ほとんどのオーディションでは各地の駅の改札が集合場所となる。千葉から慣れない地下鉄を乗り継いで、やっとのことで集合場所に着くと、まるで遠足の引率の先生のように、担当マネージャーがそこで待っていて、会場まで連れて行ってくれた。

その事務所にいた頃に受けたオーディションも、結局、すべて受からなかった。仕事としては、ある広告で出演者に欠員が出たので、スケジュールの空いている同じ事務所に所属する同世代の男性ということで、私が抜擢されて出演するというものが一度だけあった。

果てしなく続くオーディションの日々に、気が遠くなることもあった。でも私はまったく懲りなかった。もちろん受かりたいという気持ちはあったが、憧れの世界に足を踏み入れているということだけでも大きな進歩だった。木更津から東京に行くことだけで楽しかったのだ。

家でテレビや雑誌を見て、憧れた世界。そこに近づきながら、自分の行動で目の前の世界がどんどん変わっていく。そんな現実を自分で切り拓いていくのが、心からおもしろいと感じた。

それは、学校では教えてくれないことだった。決まった授業を淡々とこなし、心が動くことよりも忍耐を教えるような教育は退屈だった。心から好きなことや興味があることを自分で調べて行動し、自分の人生を作っていきたいと思っていた。自分で履歴書を送るだけで、たとえうまくいかなくてもなにかしらが動いていくことが心底楽しかった。

なかなか仕事が決まらない私に対して、俳優だけでなく、歌手としての可能性など様々な方向性を担当のマネージャーが模索してくれていた。だが、どれもうまくいかず、受けるオーディションの数も減っていった。

計算のできない人生

これからのことを模索している頃、たまたまテレビ番組の企画でファッションショーのモデルを募集していることを知った。事務所に所属していたので、勝手な行動をしてよいのか気になった。でも、オーディションには落ちまくっているし、ほとんど仕事をしていない。大丈夫だろうと判断し、事務所には内緒でそのオーディションに挑戦することにした。

オーディションとは落ちて当たり前のものだという思い込みがあった。だから毎回受

モデル時代

かるとは思っておらず、ダメ元だった。しかし、そのオーディションに私は合格するのだった。テレビに出演すると、それを見た雑誌の編集者からモデルとしての仕事を次々ともらえるようになっていった。

人生とは計算ができない不思議なものだとつくづく思う。

以上のような過程を担当マネージャーに伝え、内緒で応募したことを謝った。当時、その事務所はモデルの仕事を重視していないということで、問題なく辞めることが了承された。

私が出演した番組は話題になった。フリーでモデルの仕事をする機会も増えていたが、高校があらゆる芸能活動を禁止していた。こんなチャンスは滅多にないということをオーディションを受け続けてきた私は心から理解していた。そして、潔く高校を辞めることにした。

高校退学を母に伝えると、反対せずに「わかった」と言うだけだった。いま思うと少しくらい反対しそうなものだ。もちろん、反対しても決意は変わらないので意味はないのだが……。

モデルとしての波が来ている。そのことを自覚した私は、高校を辞めたあと、すぐにモデル事務所に履歴書を送った。東京で面接をして所属が決まり、東京で暮らすことを決めた。

その時、私は一七歳だった。私が家を出ると、母は完全にひとり暮らしになった。

その頃まで、日々の生活をとても長く感じていた。だが、いま思いかえすと、生まれて一七年間の暮らしはあっという間だった。そして、家を出たあとの人生は、人任せではなく、自分で創りあげていくものだ。私にとっての家族とは、いまから思うとお互いに影響を受け合いながら、苦楽を分かち合う共同体のようなものだった。だが、それは本当に束の間の時間で、そんな家族と別れ私は個人として人生の航海に出ようとしていた。

子どもたちのために使っていた時間が一気になくなり、母は自分のために時間を使えるようになった。母もまた本来の自分の人生に向かいはじめる時期だったと思う。とはいえ、すぐに子どものいない生活に慣れることはできなかったようだ。たとえば、霊的なものを信じなかった母が、「家に霊が出て怖い」と言ったりした。そんな母を、はじめのうちは心配したが、そのうち慣れたのか、いつもの母に戻っていた。

私も家を出てすぐの頃は、心細かった。仕事おわりにひたすらひとりで東京の街をあてもなく歩き続けたりした。東京の家ではない、どこかに帰りたい。そんな気持ちが湧き上がると涙が溢れてきた。そして、そんな時に決まって思い出すのは、母の元で暮らしていた頃に当たり前にあった家庭の暖かさだった。働きながら家事をこなし育ててくれた母の優しさに胸が痛くなった。

充実した日々

高校を辞めて、一カ月ほどアルバイトをして、東京での生活のために準備したお金は一〇万円だった。親元にいたから金銭感覚がまったくなく、一〇万円あれば東京でもなんとかなると思い込んでいた。しかし、ただ毎日食事をとるだけでも、あっという間にお金がなくなることにすぐ気がついた。結果、一日一〇〇円くらいの食費で、引っ越した当時はなんとかしのいでいた。私より少し前に東京の美容室に就職した三女が会社の寮に住んでおり、しばらくそこに住まわせてもらえたことで、ありがたいことに家賃はかからずに済んだ。

東京に出て事務所に入り、最初におこなったのは「顔見せ」だった。いくつかの出版社の方に会って、自分を見てもらい売り込むというものだ。事務所に所属をする前にいただいた仕事が有名なファッション誌の表紙になったというのもあってか、すぐに仕事が決まっていった。三カ月後には、その頃の自分では想像できないくらいの額のお給料が入り、あっという間に人気モデルといわれるようになっていた。

当時、ファッションの世界はユニセックスがブームだった。だからこそ、マッチョ的な男性像からはずれた、女性ものの細い服を着れる男性モデルが求められた。イメージが中性的でフェミニンな男性像。その頃の私の姿かたちがぴったりそれにはまり、仕事が増えていった。

その姿かたちは、小さい時にはいじめられる要素だった。それが逆転し、その姿かたちが社会に求められてお金が入る。そんな状況を体験しながら、この社会のシステムについて深く考えさせられた。価値観は流動し、その評価も一瞬で変わる。

いままでは私に見向きもしなかった人たちが、突然、羨望のまなざしを向けだし、サインを求めてきた。いまも昔も同じ人間なのに、扱いが一八〇度変わる。そうした体験をすると、人々の私への対応を冷めた視点で見るようになった。おかげで、周りからチヤホヤされても浮かれることはなかった。

お金に困ることはなくなり、自分の家も借りられ、友人もたくさん増えていった。そして、とにかく撮影の毎日だった。若かったこともあり、一日に何本か撮影をして、そのあと朝まで遊んで、そのまま翌朝の撮影に行くなど、滅茶苦茶な生活をしていたと思う。仕事が入ることがありがたく、自分でお金を稼げることが嬉しくて仕方ない充実の毎日だった。

僕はゲイなのか？

仕事に忙しく、しばらく忘れていた自分が「ゲイ」なのかという問題にも、はっきりと向き合えない日々が続いていた。

仕事場で性的指向を聞かれることも多かったが、本当によくわからなかったので、ヘテロセクシャルと平然と答えていた。その回答は嘘ではなかったが、回答のすべてでもなかった。

仕事場では、ゲイを馬鹿にするような発言を聞くことも多かった。こういうふうに言われるんだ、と内心思いながら聞いていた。相槌を適当に打ちながら、作り笑いを浮かべるのが精一杯だった。

人として女性を好きになることは普通にあった。とはいえ、関係がセックスまでおよぶと、行為自体に疑問を感じてしまう自分がいた。体を触ったりキスをするのは気持ちいいと思える。けれど、挿入をして自らが腰を振るという行為がどうしてもしっくりこない。そして女性と付き合いながらも、男性への興味が湧くのを止められなかった。ゆきずりの男性と肉体関係を持ったりもした。

挿入を基準にしたセックスの初体験は、男女共に高校一年生の時だった。相手の女性は、アルバイト先で出会った先輩だった。バブルの時代の影響もあって、クリスマスの日にホテルに泊まり、ふたりでクリスマスパーティーをすることになった。安いビジネスホテルにケーキを持ち込み、飾り付けをしたりした。

たぶん、お互いにそうなるとわかって準備はしていたが、はじめてのことでなにかと手こずり、うまくいかなかった。いざ挿入してみると、思った以上に興奮できない自分がいて、内心驚いてしまった。相手に申し訳ないので、気持ちのよい振りをして行為を続けながらも、だんだん演技をしている自分が馬鹿馬鹿しくなり、結局萎えて終わった。

没頭できるタイミングもあるにはあるのだが、行為の中の決まりきったストーリー、いわゆる女性が挿入されて男性が腰を振るという、男性がリードを取り、攻めていくようなかたちを実際に自分がやってみると、まるで興味が涌かないのだ。どうしても、自分らしくない男の演技をしているような気分になってしまう。行為自体が自分らしくなく、自分の世界にない在り方だった。そんな初歩的なことに、その時、気づいて驚いてしまった。

でも、当時は「そんなはずはない」と思い込み、しばらくはその事実を認められなかった。

私にとって、女性との性行為は、女性に対する支配性を感じてしまう。ファンタジーの中であっても、女性を支配したいという気持ちが昔からまったくなかった。我が家では女性のほうが権力を持っていたし、漫画やアニメでも親友のように思えるキャラクターは女の子ばかりだった。

付き合った女性に対しては、本当に安心できる心の友という気持ちが強い。尊敬はするが、自分がリードして性的に攻めるという感覚になるのがむずかしい。大人になって、女性がリードするかたちや女性が上位になる在り方があるということを知った。だが、女性の中で包まれたいという願望もまったく湧いてこない。

私にとって、性のファンタジーの中で支配する・されるという世界に心を向けられるのは、むしろ男性性のほうだった。「男性性」とは、社会的に期待される男性らしい振る舞いや考え方、役割といった一般的にいわれる「おとこらしさ」の概念だ。しかし、私は、いわゆる女性性というものとの親和性がきわめて高い環境で育ったり、父親が不在だったという経験からくる男性性というものへのわからなさを強烈に抱えていた。もちろん、父親からの暴力の影響や、自分の性質もあるだろう。そして歴史の中で繰り広げられてきた男性と女性の関係の在り方の非対称性を、セックスからどうしても感じてしまい、居心地の悪さを感じてしまう。

主従関係を思わせる男女のセックスのシステム。自分が生物学的に男性として生まれながら、実際に経験した父性的な男性像を嫌悪していた私にとって、このシステムを性のファンタジーのうえで活かすことができるのも、男性との関係においてのみだった。

一八歳の時に女性と付き合ったのを最後に、その思いを決定的に抱くようになった。

女性と付き合ってみる

若かったというのもあったと思うが、最後の相手はお姫様願望が強い女性だった。付き合っている時は、私が彼女にとって王子様という設定のようだった。しかし、私は王子様を演じることが、まったくできなかった。私の中には、王子様とお姫様のどちらもいるような気がした。

姉たちよりだいぶ年下の弟である私は、一般社会でいう男性性の権威が家族の場になかった。アルコール依存症であり暴力性もあった父の存在の余波から、女性たちのシスターフッド的に連帯した関係性もあり、姉たちは私の前で女性性だけを演じる必要がなく、私も性別を特別に意識することはなかった。つまり、私には女性性へのファンタジーというものが物心ついた頃からない。

女たちと私の愛憎入り混じった仮想敵は、暴力性や権力性を感じる男性の父だった。よって、私たちの中で権威ある男性性という存在は、共通悪だったと感じる。さらに、本来の優しい父も知っているので、悪と単純に決めつけられない引き裂かれるような思いも抱えていた。私が家族の中でそんな男性性を演じさせられるようなことはなく、私にとって女性は同族のような思いがあり、母や姉たちの私から見た「男性性」でも「女性性」でもないような在り方が、私にとってはしっくりきていた。

いや、比較する男性が身近にいなかったので、そのへんがよく解らなかったというのが本音かもしれない。家族に男性はいた。小学二年まで一緒に過ごした酒乱の父だ。だが、人としてどうかと当時は思っていたので、比較する気にはならなかった。

女性性が悪いということではもちろんない。女性として生まれ、育てられる中で、こうあるべきという刷り込みがなされ、それは男性もしかりで、前述した「男らしさ」「女らしさ」を自然に植えつけられる。そのように刷り込まれている社会や、刷り込みが前提としてある社会のシステムから逃げ出したかった。同じ仲間のようなかたちであることが、私にとって理想とする在り方だった。

そして、同性同士であれば男性性や女性性の差がなく、恋愛やパートナーシップにおける関係作りにおいて刷り込みがない状態で、自分らしく関係が作れるのではないか、と思えた。

男性とのはじめての体験の時も、相手がだいぶ年上だったからか、男女の役割分担的なものがまったくないわけではなかった。とはいえ、セックスの時に「男だから○○をしないといけない」というシステムはなかった。

性別の歴史や役割のシステムは、自分にとって重いものだ。この歴史的に築かれたシステムを男女の在り方の中で自分仕様に変えられる自信はなかった。しっくりこないからと、相手の女性がいながら男性との関係を続けることについても、不遜な行為にその時は思えた。

性別の刷り込みによる男女の在り方に縛られず、性格など自分のタイプである意味平等に関係性を作っていけるかたち、つまりあまり前例を提示されていないゲイの在り方に自由さを覚え、清々しく感じた。社会が築き上げた性の役割は、人々の思想にまでおよぶ強固なもので、私にはそれが息苦しかったのだ。

映画に主演

モデルになって人気だった頃に話をもどす。その頃、ゲイ雑誌「Ｂａｄｉ」が創刊された。すでにゲイ雑誌を買うのにも慣れた私は、さっそく買い求め、読みふけった。表紙には「僕らのハッピー・ゲイライフ」というキャッチコピーが書いてあった。

隠秘な世界だと思っていたゲイという世界が「ハッピー」。まるで世界が一変した思いだった。

一九歳の頃、同じモデル事務所の芸能部門に移籍し、活動内容がタレントや歌手、俳優へと変化していった。

ある時、事務所の社長と有名な作詞家の方と一緒にカラオケに行くことがあった。じつは、そのカラオケの席がオーディションだったとあとで知った。ありがたいことに作詞家の方から気に入ってもらい、歌手にならないかという打診を受けた。迷いながらも、ありがたく承諾することにした。その方の紹介で、あれよあれよという間にレコード会社も決まり、私は歌手になっていた。

ほかにもテレビのレギュラー番組や映画への出演など大忙しだった。しかし、それらに歌手活動が加わっても、まったく苦ではなかった。休みなど必要ない。頭ではそう思っていた。でも、少しずつ精神と体のバランスがおかしくなっていた。自律神経が制御できなくなっていたのか、止まったと思った尿がいつまでたっても止まらなくなったり、原因不明の肌荒れも続いていた。

私が主演した映画『フレンチドレッシング』（一九九八年）の役柄は、ゲイの少年だった。当時、私がゲイであることのカミングアウトについて事務所と話し合いをして、自分も納得して決めたのは、聞かれた時にはどちらとも言わないようなグレーな対応でいこうという方針だった。だから、実際に男性と経験したことがあると制作陣に言えないのは歯がゆかった。

たとえば、私のお尻に男性教師のペニスが入るシーン。映像上は、かなり簡単に挿入できている。だが、実際にはそんな簡単にはいかない。大きな違和感を感じていたものの、制作陣に指摘すると経験がバレると思って言えなかった。その後、二〇二二年の終わりに、この映画を制作した斎藤久志監督が死去された。斎藤監督は、星男がオープンしてから二度ほどお店に遊びに来てくれた。「あの時、ゲイと言えなくてごめんね」と私が伝えると、うんうんとうなずきながら、優しく微笑んでくれたのが最後の思い出となった。

ある思い出について

歌手デビューしてから、ＣＤの営業で家族の地元である北海道へ行った。私は二〇歳になったばかりだった。全国各地のレコード店やラジオ局、テレビ局などをプロモーションで回って、そのひとつが北海道だった。

札幌から電車に乗る。一五分くらい電車に揺られて着いた。長旅の末にたどりついた街のレコード屋さんの壁には、「櫻田宗久がやってくる！」と書かれた私のポスターが貼ってあった。

店内にはお客様がポツリポツリといたが、私のことを知らないお客様だらけだった。ポスターに書かれた仰々しい謳い文句に申し訳なく、やるせない気持ちになる。でも、そんなことは言ってられない。レコード屋の方々に顔を覚えてもらうのが大事だからと

「愛の奴隷」のPV撮影時のスナップ

言われ、気を取り直してイベントははじまった。

私の話を聞いてくれる人は、ほとんどいない。通りすがりにちらっと足を止める人がいる程度だった。自分の曲をかけながら自己紹介をして、CDを買ってくれる人と握手して、一緒にポラロイドを撮るという流れだった。

CDを買ってくれる人はひとりもいなかった。そのうち、幼ない子どもが私に向かって「この人誰～？」と寄ってきた。笑顔で誤魔化していたが、容赦ない子どもは近くにあったボールペンを持ち出して私の足を突きはじめた。無視をする私に子どもは対抗してより強く私にボールペンを突き続けた。タレントが本心を出してはいけないという変な思い込みがあった私は自分の本当の心に蓋をして、だんだん虚ろになっていった。

なにをしてるんだろう。北海道まで来て、子どもにバイ菌みたいに突っつかれて。笑っちゃう。絵に描いたようなドサ回り。テレビで演歌歌手がよく言っていたやつだ。別に悲しくない。だって仕事だ。早く帰りたい。

北海道は、ある意味で私の第二の故郷だ。父の故郷であり、物心つかない幼少期に母と一緒に来たことがあった。それは、あとから母に聞くと家出だったという。果てしなく続く白い風景。印象に強く残っているのは、その降り積もる雪だけだった。いつも喧嘩をしていた両親。夜になると母はよくひとりで出て行ってしまった。永遠に会えなくなるような気がして、母がいなくなるのが怖かった。

そして、私は現実に戻る。子どもにボールペンで突っかれながら、作り笑顔で対応している。私は、この子どものように無邪気だったのだろうか?。

華やいでいるように見える芸能の世界で、心の空虚さを抱きながら、自分は不幸なことなど何も知らず、ただ幸せであるという見せかけの嘘をついていた私。「どんなに不幸なことがあったとしても、絶対にばれないようにしよう」。その頃、同じ仕事の友だちとそう誓い合ったことがあった。どんなにつらいことがあっても、人前では笑っていようと約束した。その子どもは、そんな私の実像を見やぶっていたのかもしれない。

その嘘は風船のように薄っぺらで、ボールペンで刺さ

デビューの際におこなわれたイベントにゲストでライブ出演した時のスナップ

れるとすぐに割れた。

いろいろなことが頭をめぐった末に、いつの間にかイベントは終わった。集客ができなかったことについて、レコード屋の店員は私に謝った。自分に人気がないだけだから、謝られるようなことではなかった。マネージャーと無言で駅まで向かい、電車に乗って札幌まで帰る。温かいものでも食べようと、ふたりで居酒屋に入ってご飯を食べていた時だった。

突然、ある光景が頭に回りはじめ、自然と涙が溢れ出した。

先ほどの出来事が悲しかったのではない。子どもがやったことだし、私が変な格好で歌って踊っているのだから、物珍しく映るだろう。バイ菌みたいに扱われるのなんて平気だった。いままでもずっとそうだったような気もした。涙がとめどなく溢れ、朦朧とする私の頭の中に、ある映像が浮かび上がった。そして、その映像に集中した。あの子どもは、私が作り上げた虚像という風船を本当に破ったのかもしれなかった。

それは小さい頃の出来事だった。いままで忘れていたその映像が、頭の中を回り続けた。

父は、私と一緒に死のうとした

父と一緒に車で山道を移動している時だった。いまにも車が崖から落ちそうになっている。崖の下は見えない。山の中腹の、かなり高いところで、車体の前方が崖に飛び出し、車体がゆらゆらと揺れた。このまま落ちるのではないか。そんなことを想像すると恐怖で時が止まった。

汗ばんだ父の横顔を見た。私は、ただ口から出るのに任せ、声を出し叫んでいた気がする。すると突然、シーンが切り替わる。荒れた山道に止まった車の中で、父が顔を伏せて泣き崩れている。そんなシーンで映像は終わった。

実際に経験した過去の恐怖とパニックを、私は記憶から消去していた。その記憶を父の故郷である北海道で突然思い出したのは、因果としか言いようがなかった。

父は、私と一緒に死のうとしていた。そのことを思い出したのだった。父が暴力を振るったことは、私の記憶に強く残っている。なのに、一緒に死のうとしたこの思い出はなぜか記憶の奥に仕舞い込まれていた。

そしてこの時、自分がゲイとして生きることに対して、なんの躊躇もなくなった。私にはそれが大きなテーマだったと気がついたのだ。それは、なぜか。どれだけ暴力を振るわれても、潜在的には父親からの愛情を心から求めていたことを自覚したからだった。以前、恐怖心を乗り越えられる時に、はじめて闇にしまった思い出が出てくることがある、と聞いた。だが、自分がこれまで感じてきた思いのかけらが繋がり、やっと腑に落ちたと思えた瞬間だった。

女性を好きになり、付き合ったりもした。私はいつも女性に愛されてきたので、女性からの愛が欠乏する思いを抱いたことはなかった。でも、私が知りたいのは父親（男性）という存在からの愛情だった。この時、そのことをはっきりと自覚したのだ。

人生の核となるような傷を私は思い出していた。もう、あとに引くことはない。これでいいのだ、と思った。そして、なぜ父は男である私と一緒に死のうとしたのだろうか？

当時、両親の離婚や父との生活、そして家出をしてまで父から離れたかったという事実を、いつもまわりの友だちにおもしろおかしく話していた。話している当時は、おもしろい経験だったと本当に思っていた。しかし、二〇歳で北海道に行って、忘れていた過去を思い出した時に気づいた。私は、圧倒的に父の愛に飢えていた。父から愛されなかったと思っていたのだ。それが私にとって、つらくさびしい出来事だったということ。その経験の悲しさをひきずりながらも、なかったことのようにして生きていた。そんな自分の本当の感情に気がついてしまった。

蓋を開けて本当の感情に気づくと、自分の心が壊れてしまう。だから、喜劇のように振る舞うことによって、私は心が壊れないように防御していたのかもしれない。そして、嘘で固めたもので無理に防御していたので、本当の自分の感情がわからなくなってしまっていた。

本当の気持ちを表出しなければ、現実の自分が生きづらくなる。とはいえ、あまりに自然なかたちで本当の気持ちを防御することも、その時にできる精一杯のことだ。そして、乗り越えられるタイミングが来て、心が大丈夫だという時に、これまでの体験から自然に自分の人生においての大きなテーマが解明されていくことがあるのだということを知った。

父との関係から私が気がついたテーマ。それは、男性からの愛情を求めている自分だった。それは、社会的に置かれているジェンダー、セクシャリティへの疑問を自分なりに探求していくことと直結し、その人生を選ぶということだった。

III

大阪でのイベント

度重なる夫婦喧嘩の日々の果てに父と母は離婚した。すぐに私と三女は、母と長女、次女と別れ、父と三人で一緒に住んでいた。大人になってからその頃のことを三女と話したが、ふたりとも記憶がぼやけていて、どれくらいの期間だったのかが曖昧になってしまう。当時、中学生だった三女の記憶はそこだけが失われており、よっぽど思い出したくない過去であるように感じた。それは私も同様だった。ほかの姉たちによると、父と三女と私との短い三人暮らしは、たった一年間だった。しかし、子どもだった私たちにとってはとてつもなく長く、重い一年だったのだと思う。

家出をした私と三女は、長女、次女と共に母と暮らしはじめた。ひとりになった父は、飲酒運転で免許停止になり、車がないと実家の辺りでは仕事ができなかったため、電車での移動が簡単な都会である大阪に、実兄を頼って単身で移り住んだ。

中学の時に一度だけ、私と三女は大阪の父の家に行ったことがある。父が交通費を払ってくれたので、行くことになったのだと思う。両親ともに金銭的な余裕がなかったのと、私自身あまり父に会いたいと思わなかったので、私が大阪の父を訪ねたのは一度きりに終わった。

歌手になってすぐ、大阪でイベントをやることになった。私にとっては数年ぶりの大阪だ。

父には、CDデビューのイベントが大阪であることを知らせていなかった。そもそも、モデルになったことも、歌手になったことも直接伝えていなかったのだ。イベントで地方に行くと、朝から晩まで予定がぎっしり詰まってしまう。だから、知らせても父には会えないと思っていた。

ところが……。大阪でのイベントがはじまり、ステージで曲のことなど話しながら会場の奥を見ると、父がそこに立っていた。ひとりきりでステージにいる私を見つめていたのだ。一瞬、見間違えたのかと思い、何度も確認した。やはり父だった。私は驚きながらも、嬉しい気持ちが湧いてくるのを感じていた。そして、私と目が合った父もまた喜び、笑顔になっていたように見えた。

私の衣装やコンセプトがゲイテイストだったことを、父はどう思ったのだろうと気になった。だが、父が私を気にしてくれていたことの喜びのほうが大きかった。観に来てくれた感謝を父に伝えようと、イベントが終わってから父の姿を探した。しかし、もうそこにはおらず、声をかけられなかった。

タレントではない道

私が出したCDは、思うように売れなかった。その頃、担当マネージャーとレコード会社のディレクターと私とで、事務所を移籍するという案が持ち上がった。もっと売れたいと思った私は、その案に乗った。マネージャーとは公私共に仲がよく彼女を信頼していた。

さっそく私とマネージャーは動いた。ふたりで別の事務所に面接に行き、一緒にその事務所に入ることになった。

先にマネージャーが事務所を辞め、残った私が、社長に辞めることを告げることになった。マネージャーと私が別の事務所に入ることが決まっていることや、レコード会社のディレクターとも裏で約束していることなど、絶対に言えない。しかし、まだ子どもだった私は、社長に嘘をつくことが申し訳なく、本当のことを洗いざらい話してしまった。

社長は激怒して、私とレコード会社との契約をその場で打ち切った。さらに、決まっていたレギュラー番組もあった。まだ若いから、という理由で、ふたたびこういうことがあったら、すぐに契約を切ると釘を刺され、私はそれを承諾した。つまり、私は事務所に残ったのだ。

罪悪感もあったので、私は社長の決定に従うつもりだった。だが、決まっていたレギュラー番組には、私と友人のタレントが出演し、かつ辞めたマネージャーがそのタレントの担当として出入りすることになった。

私には、その元マネージャーに対する未練があった。彼女が担当するタレントとも慣れ親しんでいた。だから、収録の日にはそのタレントの楽屋に入り浸り、そこにはいつも元マネージャーがいた。

ある日、たまたま収録を観にきた社長がその様子を見て、私は即刻、契約解消となった。私は社長の判断に納得し、事務所を辞めた。辞めたというよりも、クビだった。

事務所をクビになり、次の事務所が

ドラマ撮影時のオフショット

ドラマ撮影時のオフショット

決まるまでフリーで活動をしようとしていた。私は二一歳になっていた。しかし、フリーではまったく仕事が入らなかった。そして、貯金を切り崩しているうちに、家賃も払えないほどすっからかんになってしまった。困った私は、千葉にある次女の家にお世話になることになった。

その後、当時タレントで友人でもある吉川ひなのさんが私のことを心配して、彼女の事務所に入ることを勧めてくれた。結局、半年くらい千葉で暮らしたあと、東京に戻った。

久しぶりの地元での暮らしは、これからの人生への焦りもあったが、単純に楽しかった。以前から興味を持っていたホストクラブで働き、入って二日で辞めたり、高校時代の友だちと朝まで呑んだり遊んだりしながら、地元のみんなの温かさを感じていた。それは、モデルや歌手をやっていた激動の五年間で、忘れていたものだった。もともと仲のよい友だちには、私がゲイということに対して否定的な言葉を言われたことはなかった。また、私がなぜ帰ってきたのかも、おそらく気を遣ってなにも聞かずただ寄り添ってくれて、本当にありがたかった。

新たにお世話になった事務所では、ゲイということをカミングアウトさせてもらうことを条件に入れてもらった。雑誌やテレビなどで実際にカミングアウトできることが嬉しく、晴れ晴れとした気分だった。聞かれてもいないのに、必ずゲイということを伝えるほどで、いまから思えば舞い上がっていた気もする。吉川ひなのさんと音楽ユニットを結成して、彼女と私と私の当時の彼との三人暮らしもはじめていた。三人での暮らしは毎日が遊びのようで、若かったこともあり、思いっきり弾けたり、時には喧嘩もしながら、心底楽しい時間を過ごした。私は、作曲にも挑戦し二枚のCDを作った。しかし、映画出演という仕事を最後に、小さい頃からの「タレントになって、それを続ける」という夢をあきらめることにした。

タレントではない、違う道を志そうと思った。

音楽ユニット「☆Spica☆」で吉川ひなのさんと

写真を仕事にしよう

短い期間でいろいろなことを経験させてもらった。多くの人と関わり、仕事をすることで、上京したての頃とは比べられないくらい精神的には大人になっていた。そして今度は、自分だけで責任が取れることをやろうと思った。仕事上、自分だけの意見で物事を決めるのがむずかしく、人間関係がしんどくなってしまった、というのもあった。

とはいえ、小さい頃からタレントになることしか考えてこなかったのだ。中学に入ってからオーディションを受けはじめ、高校を二年で中退してモデルになり、そのまま歌手や俳優、タレントの仕事をしてきた。一応、その夢は叶えることができた。それだけ心を傾けてやってきたので、その夢以外のことを想像したり考えるのがむずかしかった。

これからどうやって生きていけばいいのだろう。

まずは、アルバイトをしながら今後の進路を考えようと思った。そういえば、仕事でカメラマンの方と触れ合う機会が多かったことを思いだした。そして、「写真作家になれば、自分の責任で自分の表現を完結できるのでは?」と閃き、カメラの技術などわからないまま、私は写真家になることに決めた。

もともと写真を撮るのは好きだった。だが、本音をいえば、自分の表現ができる仕事ならなんでもよかった。撮られることは、これでもかというほどやってきた。だから、撮られる側の気持ちがわかるかもしれない。モデルとして撮られながらも、「こうしたら、よりよくなるのでは?」というアイデアもよく浮かんでいた。ならば、被写体の気持ちに寄り添いながら、自分ならではの写真が撮れる可能性があるのでは? そう思ったのだ。

繰り返すが、なによりも写真作家ならば、自分ひとりではじめられて、自分の責任で完結できる。

内田春菊さんの事務所で

写真作家と名乗るからには、作品がないとはじまらない。私は手当たり次第に写真を撮り、作品を作り、公募展に応募した。がむしゃらに作品を作っても、公募に受賞することはなかった。それでも作品が自然と増えていくことで、自分の作りたい作品がなんなのかを考えることができた。

タレントのオーディションに落ち続け、ある時期を境にして突然合格をする。そして、急に憧れていた世界が動きはじめていく。そのことを体感していたので、公募に落ちても心配はしていなかった。あきらめずに続けていれば、なにかしら道は開かれるだろう。それまでにどれくらいかかるのか。時間の経過を楽しみにしようと思った。

駆け出しの写真作家をしていても、生活ができない。そんな時、アシスタントにならないかと声をかけてくれたのは、作家の内田春菊さんだった。写真の仕事を続けながら、結局、約一〇年ほどお世話になった。アシスタント七年目の時に、写真の仕事だけでやっていけそうだと考えた私は、ひとり立ちをしてみた。だが、うまくいかず、ふたたび内田さんに甘えることになったりもしながら、写真の仕事や作品作りに夢中になっていた時代だった。

両親にカミングアウト

私がゲイであることを父に告げたのは、二二歳の時だった。

ある日、久しぶりに家族全員がそろって食事をする機会があった。寿司屋の広い和室を貸し切り、まるで葬式のあとに親戚や旧知の人々が集まる席のような雰囲気だった。

私は、いましか言うタイミングはないと直感した。そして、いままで言いたかったが、なかなか言えなかったことを父に伝えはじめた。

「あのさ、突然なんだけど言わせて。僕は、ずっとパパが僕にやってきたことが大嫌いだった。怖かったし、恨む気持ちもあった。だけど、本当はパパに愛されたかったって思っていたことに気がついた」

父が酒乱で、怒りに任せて気が狂ったかのように子どもの私を殴ったこと。怒鳴り散らしたうえ、テーブルに載った料理の皿が飛んでくることもあった。野球や相撲の中継がテレビである日には、父が応援しているチームや力士が負けると機嫌が悪くなる。声を大きく荒らげる父を見るのが怖くて、私はスポーツが嫌いになった。そして、自分の痛みを私にぶつけ、死ぬような恐怖を体験させられたこと。

それらの出来事は、いまから思うとほんの短い期間だけだったのに、私の心の奥に深く刻み込まれたものだった。涙が勝手に流れてくるのを感じながら、一方で映画のワンシーンのようだと冷静に観察している自分もそこにいた。自分がくさい台詞を言っているように思えたからだった。でも、それは本心だった。

そして、場の雰囲気に飲み込まれず、空気を読まずに父に対峙できている自分が、驚くほど強くなっているように感じた。その強さは、これまでの経験でいつの間にか獲得してきたものだった。今後の人生に対する覚悟が自分に備わりはじめているのを感じた。これまでのけじめをつけるためにも、父と向き合った。私は、いつの間にか大人になっていたのだ。姉たちは、驚いた顔で私と父を見ていた。

「そんなこともあって、自分が男性から愛されたいという願望が強くあることに気がついた。僕はゲイなんだ」

ゲイであることについて、言い訳がましいことなどない。いや、本当は理由などないのかもしれない。けれど、自分を見つめているうちに、過去の父の残像が脳裏をよぎり、自然と言葉が溢れていた。

涙で父の顔がぼやけて見えた。

「あぁ、ごめんな。三島由紀夫もそうだったから、いい」

少しの沈黙のあと、優しい時の話し方で父はそう答えた。父は文学が好きで、私によく「本を読みなさい」と言っていた。こんな時に三島由紀夫というワードが出てくるなんて思いもよらず、人生の劇場はいつも想像を超えていておもしろいと冷静に思う自分がいた。父が一番好きな作家は、三島由紀夫だったのだ。

しばらくすると、気を取り直して飲みましょうと姉たちが言った。いまの一幕がまるで幻の世界で起きた出来事のごとく終わり、みんなは普通に食事をはじめた。

私は呆然として、半ば幻の世界でイスに座りながら、天井を見つめることしかできなかった。少し時間が経って、なんとか立ち上がり、父が現実に座る席に向かった。

「パパ、一緒に写真撮ろう」

そう言って、私は持ってきていた一眼レフカメラを姉に手渡して、私と父のツー

父とのツーショット

ショットを撮ってもらった。できるだけ顔を近づける。肩が重なるくらい、私たちは接近した。いつの間にか、私の身体のほうが父よりも大きくなっていた。

あとで写真を確認すると、正しい親子を演じられなかった父と息子を現すように、すべてがぶれて写っていた。そして、これが私と父のリアルな親子のポートレートだと感じた。

こんな日が来るとは思わなかった

その一年前、母には当時の同性の恋人を紹介するかたちで、私がゲイであることを伝えた。彼がいる最中は、「そうなんだ」と平然を装っていた母だったが、彼が帰ったあと、「勘当だ」と私に怒りはじめた。私はすでに家を出ていたし、私たち家族も滅茶苦茶な家だったではないか。そして、実際に勘当される家もなかった。なのに、こういう場面で一般的な「家」という概念を持ち出すことが、不思議だった。

私たちの家は、いったいどこにあるのだろう。

そして、「たとえ同性であっても、誰かを心から愛せる子どもに育ってよかったよね？」と私はその時、母に言った。はじめは驚き、怒っていた母だったが、だんだんと時間が経過するとともに慣れていった。それは私も同じで、自分がゲイであるということを認めていく過程が本人にもあるのだ。

当たり前だが、ゲイだからといって相手の男性が誰でもよいわけではない。お互いに愛しあえる相手が見つかったからこそ、私は本当に嬉しかった。だから、母とそのことを共有したかったのだ。


家族で食事をした時の話に戻す。その夜は、そのまま家族でカラオケのあるスナックへ行った。姉たちは、言うまでもなく父と母のことを私よりも長く知っているので、気を遣っていたと思う。父と母が私のカミングアウトを本心でどう思ったかはわからない。やはり父と母にとっては、ハードな出来事だったのかもしれない。

場も盛り上がってきて、私たち子どもは悪ノリをして父と母にデュエットをしてほしいとリクエストをした。照れ屋の父は絶対に断ると思った。母もどうせ歌わないだろうとダメ元だった。ところがふたりは子どもたちのリクエストをすんなりと受け入れて、寄り添ってカラオケを歌いはじめた。

ふたりで一緒に歌うのを聞くのは、はじめてだった。父と母がすぐに歌う曲を決めていたのを見て、昔もこんなことがあったのだろうかと思った。ふたりの歌は、はじめて一緒に歌った恋人同士のように初々しかった。私よりも姉たちのほうが、父と母の歌う姿を見て驚いて、次第に目にハンカチを当てはじめた。

「こんな日が来ると思わなかった」

そう言いながら、姉たちは幸せそうな笑顔で泣いていた。そして、私はこのシーンにたどり着くまでに、いままでがあったような気がしていた。

Ⅳ

タックスノットというバー

私が歌手だった頃に出したミュージックビデオが、二丁目のバーで局地的にブームになっているという話を、当時の担当ディレクターから聞いていた。その発信源がタックスノットだった。

当時の事務所やレコード会社も、私がゲイだということは知っていた。二〇歳になった時、はじめて心から好きになった同性のパートナーができて、それを事務所やレコード会社のスタッフにも伝えていた。

事務所との話し合いの中で、ゲイということをカミングアウトするのは避けようという方針から、いただいた仕事の先々でいろいろ聞かれてもはぐらかしていた。そんなこともあって、二丁目のお店に行くのをためらっていたのだった。

その後、別の事務所に入って、ゲイであることを隠さないで活動をしたいと言ったところ、了承してもらうことができた。それから、内田さんの事務所で勤めながら、二三歳になってようやくタックスノットにごあいさつを兼ねて訪ねることができた。

オーナーのタックさんは、突然現れた私を見て、驚きながらも歓迎してくれた。当時、私の歌で盛り上がった話をしてくれて、その場にいたお客様にも声をかけてくれた。そこでいろいろな方と知り合うことができ、みなさんが優しく対応をしてくれたのが嬉しかった。私は、はじめて客としてひとりで二丁目のお店に入ることに緊張していたのだ。

タックさんが、私に話してくれたことの中で、いくつか共通点を感じた。自分がアーティストをしながらお店をやってきたこと。同性のパートナーシップについての思い。同感できることが多く、ゲイとしてカミングアウトをして生きてきた尊敬できる先輩に、はじめて出会えたことに感激した。

ゲイをカミングアウトする中で、私は誰にも相談をしてこなかった。一〇代の悩んでいた頃にタックさんのような方に会えていたら、たくさん相談をして、話を聞いてもらっていただろう。そして、お店では年齢層もバラバラな、いまを生きる様々なゲイの方の話を実際に聞けるのが、とてもありがたく感じた。いまではインターネットでいろいろな情報を知ることができるが、当時は生の当事者の声を聞ける機会がほとんどなかった。

調べても、なかなか出てこない本物の情報があった。タックさんがゲイのパートナーシップを応援しているので、長くお付き合いをしている人たちも多く、そんな方たちのリアルな話を聞けるのもはじめての経験だった。

私の居場所

こうして私はゲイバーの世界に居場所を見つけられた。また、ゲイであることを隠さずに、同じゲイの人たちが集まる場所に行ける喜びは大きかった。それからタレントを辞めると加速度をつけて、タックスノットをはじめとする二丁目のいろいろなバーにはまっていった。

いままで嘘をつくのが普通で、当たり前のように思っていた。しかし、ゲイということを隠していた経験が、私にとって大きなストレスとなっていたことにやっと気がついた。繰り返すが、自分が好きなものを隠すというのは、人間の心に相当負担を強いるものではないだろうか。

仕事とは、仮面を着けてやらなければいけないものなのだろうか？

自分らしく生きていくことを隠すのは、当たり前のことなのだろうか？

少しずつ、そんな疑問が生まれはじめていた。

行きたくても行けなかった。そんな気持ちを取り戻すかのように、毎晩、二丁目で過ごした。

いまでも仲よくしているレズビアンバーのゆっこちゃんの店では、シャンパンをはじめて頼んでみたり。その頃は脱ぎ癖があったようで素っ裸になって踊ったりもした。思いっきり笑ったり、怒ったり、泣いたりと感情を爆発させながら、タックさんが言っていたように、水を得た回遊魚のように二丁目を遊泳する日々だった。

モデルとタレントをやっていた時代、私の自律神経は乱れてしまっていた。しかし、いちいち自分の調子を気にしていては仕事ができない。だから、無理をしながら仕事に明け暮れていたのが、一〇代の私だった。

当時は、仕事をすることが本当に楽しかった。だから、自分の調子の悪さの原因を掘り下げて考えなかった。いや、そんなことは夢にも思いつかなかった。仕事をもらえるのはありがたかったし、それは私の夢だったのだ。

小さい頃からの夢が叶えられたものの、突然、その現実が途切れてしまう。そんな、現実的には「負」の出来事のおかげで、無理していたあらゆることを、ある意味で強制的に等身大の自分に戻せたのだった。

本格的に写真をはじめる

私がはじめて行った頃のタックスノットでは、ゲイをテーマにした様々な作家の作品を展示していた。写真家としてやっていこうと決めてから、はじめての個展を開催し、はじめて作品が売れたのもこのお店だった。

二〇〇四年に展示した作品は、二〇歳から付き合っていた彼を日々撮影した「Wet Dreams」という作品だった。ゲイとカテゴリーされた恋愛の風景を、ヘテロセクシャルにおける恋愛のスナップと同じように可視化する。そうすることによって、マイノリティーと呼ばれる人々の恋愛であっても、ヘテロセクシャルの恋愛の在り方となにも変わらないことを伝えようとした。

当時は、私写真（撮影者の身のまわりの事柄やプライベートな出来事などを題材にした写真）としてはヘテロセクシャルの関係を撮影したものが多かった。日本においてゲイの視点から作品化されたものは、ほとんど見たことがなかった。作品展に応募した際の審査員からのコメントは、「（ゲイの私写真だからといって）それがどうした?・」というものだったことがとても印象に残っている。私から見れば、「ヘテロセクシャルの私写真だからといって、それがどうした?・」という話だ。

Dear My Boyfriend

LOVE PHOTO 02

彼氏が写した恋人

文・撮影／櫻田宗久

宗久(28)×(27)

■住まい／東京■出会い／友達の自宅■カップル歴／７年

と付き合い始めてからしばらく後、僕は犬を飼った。キャバリア・キングチャールズ・スパニエルという恐ろしく長い犬種の彼女に桃櫻（ももさく）と名前をつけた。

21

雑誌「Badi」に掲載された記事

しかし、「それがどうした？」というような、他人からしたらどうってことのない普通の日常こそ、愛すべき誇らしい人間の生き方なのではないか。それは、私が既存の私写真を見てきた中で、かねてから感じてきたことだった。

私は、自分の人生の中で感じた疑問や思いを作品にしていこうと思うようになっていった。

二〇〇六年の「He likes me? He likes me not?」という作品では、被写体の男性たちがファンタジックに、少女的な世界に溶け込んでいる。彼らはフリルのついたネグリジェを着て、一様にまどろみながら「花占い」をしている。少女的といわれる世界の「少女性」を男性にすり替えることによって、男らしさや女らしさとはなにかという疑問を作品で表した。

少女的といわれる表層や精神性は、女性だけのものではない。性別など関係なく誰もが持ちえるものではないか？

男性性と女性性

個人的に好きな世界が、男女の世界であらかじめ分けられている慣習のようなものに、私は小さい頃から疑問を抱いていた。そもそも、ジェンダー自体が作られたもので、まるでフィクションのようなものではないか？　だんだんとそう思うようになっていた。

二〇〇六年「fiction」という作品では、ＬＧＢＴＱやヘテロセクシャル、トランスヴェスタイトの当事者に、彼らの人生の中で起きたジェンダーを巡るストーリーをインタビューし、ポートレート撮影をした。

みんなの思いは、私と同じようにジェンダーの枠組みに悩んだり、割り切っていたり、楽しんでいたりと、様々だった。ジェンダーの重しを背負いなが

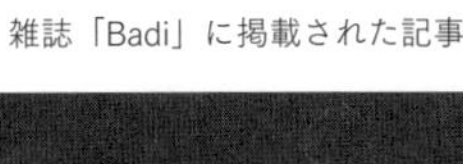
雑誌「Badi」に掲載された記事

ら、それぞれのストーリーを生きていた。私たちに起こったジェンダーを巡る出来事は、私たちの根源的な生の現れから生まれているものなのだろうか？　そんな疑問を投げかけ、被写体となった人々に自分の幼少期からのジェンダーに関するストーリーを話してもらい、それをパフォーマティブに再上演するという制作方法をとったのが「fiction」という作品だった。

この企画の中で、自分のポートレートを撮影する時、父親にモデルになってほしいと私は思った。父親に女装をしてもらい撮影することを思いついたのだ。その意図は、男性が男性らしさを押し付けられてきた（女性にも当てはまるが）からこそ、私たちの家族に歪みが生じたのではないかと考えたからだった。

そして、個人的な家族の歪みは、そのまま社会の歪みとも結びついているのではないだろうか？　男性性からの自由を、女装という表層で簡単に表せるわけではない。だが、私が父との関係で得てきた感覚として、頑丈に閉められた父の男性性を解きほどくには、自由に女性性を表出させてみるべきだと考えたのだ。

この作品で私が伝えたかったのは、ジェンダーの枠組みの「らしさ」という抑圧を抜けるためには、個人として自由に「らしさ」を選んでいけるような感覚を持つのが必要だという思いだった。個人としての自由を尊重し、社会的観念を開放する。そのことによって、鎧を背負ったように思えるジェンダーの重しを外したかった。

父の苦しさとはなにか。時代とジェンダーから発せられる父親像（男性像）を既存の刷り込みにより演じさせられ、その人のオリジナルを素直に表現することをある意味禁じられることからくるものではないか？　刷り込みから無意識的に演じ（させられ）ることによって、苦しくなるのは当然であるように思うのだ。

私の懇願を父は即答で断った。代案として、私自身が女装をして、その光景を父が見ているという設定ではどうかと聞いた。それもダメだと父は言った。

一緒に暮らしていた時の父は、父親らしいことなどしてこなかった。ただただ男性性の権威を振りかざした厳しい態度で私に接した。だからこそ私は、父を嫌悪し、長年会いたくなかったのだった。ならば、父親としていまこそ息子孝行をするべきで、独立しようとしている息子の芸術活動を応援するべきだと、断られた時に私は憤慨して父に伝えた。だが、いまとなっては父が撮影に応じるかどうかは自由だし、父の譲らない姿勢にも納得している。

「父親らしさ」こそ、私に窮屈な思いをさせてきたものだった。それは父も同じだったのではないだろうか？　一方、私の中にも「子どもらしさ」を演じる心があった。父の役柄をだいぶ大人になって忘れかけていた私は、父の尊厳とこれまでの人生を軽視していたのだった。

結局、完成した作品は、私が女装をして、それを母が見ているというものとなった。

バーに同じ夜はない

内田春菊さんの事務所から離れ、ひとりで仕事をはじめた。その時は、「本当にひとりでやっていけるのか?」とまだ自信が持てず、金銭的な不安もあった。一方、自由な時間が作れるのも事実で、この際なのでいろいろやってみたいという思いもあった。なにより自由に好きなことをしてみようと思った。

そこで、新宿三丁目のバー「タックスノット」で働かせてもらおうと思いついた。以前に一度お話をもらっていたが、ひとりでバーのカウンターに立つことに不安があり、また時間を取るのがむずかしく、お断りしていたのだった。

オーナーのタックさんに打診をしたところ、ありがたいことにすんなりと受け入れてもらえた。そして私は、タックスノットの日曜日スタッフとなった。

タックスノットで働いた三年間。バーという場所は、想像以上に人と出会い、人と深く関わる。そんなことを実感した時期だった。「深く」といっても、お客様の連絡先も知らず、本名さえ知らない方がほとんどだ。お互い、心の奥で触れ合うことは多々ある。だが、なんの仕事をしているのかは知らない。そんな不思議なバランスで、バーという場所は成立していた。

普段は、冗談ばかりを言い合うことが多い。でも、身近な人にもなかなか言えないことを、突然話してくれるお客様も多かった。私自身も、お酒の力も借りて自分の内面を吐露し、感情を素直に出すことで、不思議な繋がりを感じられた。

ここでは日常から離れて、上下もなく、屈託なく交流する。多くの人は、社会的な世界とは反対側にあるなにかを求めて、バーに来ているのではないか。窮屈さから離れ、ひととき殻を外して、自由な会話や感情を解放できる場所。

入りたての頃は、緊張の連続だった。たいしてお酒を飲んでいないのに、閉店後に吐き気が止まらなかったり、実際に吐くことも続いたりした。

バーカウンターから見える風景は、カウンターで飲んでる風景とはまったく違った。全体を見られるようにできているのだ。様々なお客様が多種多様なエネルギーを放ち、対話を繰り広げている。私は、お客様によって話を変えながら、コミュニケーションをとる。つまり、切り替えをおこないながら、お店全体として統合させるかたちだ。それと同時進行でお酒を作り、お会計をして、洗い物までこなす。バーカウンターの内側とは、スーパーマルチタスクな仕事をこなす場所だった。

それに慣れるまでは、一日が終わると猛烈な疲れでぐったりとしていた。だが、慣れると感覚が研ぎ澄まされてきて、忙しくなると覚醒状態のようになった。その場でその時に発生する、お客様とのエネルギー作りのようなものが楽しくなっていった。心を開いて感情を自由に表現すると、お客様の顔が変わっていく。同時にお店の空気も変わっていった。

いつかタックさんがバーにおいて「同じ夜はない」と言っていたがそれは本当だった。

V

ソワレとの出会い

バーで働きはじめるまでの私は、数人の仲がよい人とだけ会うような日々を送っていた。二〇歳から付き合っていた彼とは、その後一三年間付き合い、別れた。その間、多くの時間をほとんど彼と過ごしていた。だから、バーで働くことはもちろん、多くの人と話すような機会は、はじめての経験だった。

タックスノットに入ったくらいの時期にその彼とは別れ、それまでの暮らしが大きく変化していった。シャンソン歌手のソワレとはじめて話をしたのはその頃だ。ヴィヴィアン佐藤さんがタックスノットに連れてきてくれた。

この時、ソワレとはあまり交流できなかった。好きな話をしはじめると、嬉しそうにずっとしゃべっているのが印象的だった。彼は途中で電話をとって、そのまま早々に帰っていった。バタバタと忙しくて、おもしろい人だなぁと第一印象で思った。

はじめての個展での展示物１

その時に、ソワレはゴールデン街でお店もやっていると聞いていた。もらった名刺を元にネットで調べてみたりした。しかし、いつ彼が店に入っているのかがわからず、結局は行けずじまいだった。

そもそも、私はゴールデン街に行ったことがなかった。二丁目から目と鼻の先にあるのに、その場所も知らなかった。

ソワレと出会う少し前の二〇〇八年、私は三二歳になっていた。有名なアートギャラリーではじめてとなる個展で想像以上に作品が売れた私は、次の展示の準備のために仕事を辞めて、作品作りに集中することを決めた。

そこは、日本では写真をアート作品

はじめての個展での展示物２

としてはじめて取り扱ったことで有名なギャラリーだ。ギャラリストである石原悦郎さん（二〇一六年に死去）は、カルティエ＝ブレッソンやブラッサイなど欧米の作家とも交流をし、森山大道さんや荒木経惟さんを世界に送り出した方だった。カメラマンとして仕事をしはじめた以降の数年、雑誌を中心にいろいろな仕事をしてきた私だったが、写真家としてギャラリーで展示してみたいと奮起し、最初に作品を見せにいったのが彼だった。

　作品に厳しい彼が、私の作品を見てすぐに「合格！」と言ってくれた時は、天地がひっくりかえるくらい驚いた。すぐに海外や日本でのグループ展に私の作品が出展され、半年後には晴れて個展を開催することになった。その個展の時も石原さんは、私に手取り足取りアドバイスをくれて、展示の内容や文章にも彼からの厳しいチェックが入った。

そして、その個展が成功したあとの半年間、私は作品を作り続け、その作品を石原さんに見てもらった。彼は私の作品を見てこう言った。

「〇点」

そして、こう続けた。

「この作品は生きていない。目の前に生きているお前のほうが作品よりおもしろい」

それを聞いた私は、呆然とするしかなかった。

長年、一緒に暮らしたパートナーと別れる

作品作りに没頭したこの半年、資金面では二〇歳から付き合っていた彼にサポートをしてもらっていた。有名なギャラリストに評価された私は、一人前の作家気分でこのまま順調に進んでいけると思っていた。すぐに個展を開催すればお金が入ってくると、なんのあてもなく信じていたのだ。まさか個展が開催できない場合があるということにその時はじめて気づいて、愕然とした。これからどうしていったらいいのだろう。当たり前だが、作品が売れないとお金は入ってこない。彼への借金は溜まっていた。

そんな中、彼とのいさかいも絶えなくなり、最後の喧嘩でお互いに手を出し合ってしまった。このままではお互いの精神が壊れてしまうと思った。とてもつらい決断だったが、私たちは別れることを決めたのだった。

繰り返すが、私が二〇歳の頃から三三歳まで、彼とは一三年間、一緒にいた。思えば、ゲイであることをカムアウトできたのは、彼がいたからだった。その時に私は、こんなに好きだと思える人を隠すのはおかしいと心の底から思った。一三年間の重みは、想像よりも大きく、彼を失った喪失感はなかなか消えなかった。私は、荒れに荒れて、お酒を狂ったように飲み続ける日々を重ねた。恋人とも別れ、展示の予定も消えて、精神的にボロボロだった。

彼と別れたあと、写真を制作しながらこんな文章を書いていた。二〇一一年にグループ展のために展示された写真作品に添えるステイトメントとして書いたものだ。

二〇一〇年三月から九月まで私は根津に住んだ。一三年付き合って、一緒に住んでいた恋人と別れ、久しぶりのひとり暮らしであった。

近所を散歩していると、不忍池(しのばずのいけ)がすぐ近くだった。三月の頃、枯れきった蓮(はす)の茎が寒さと共に孤独を見せて、これまでのことを思った。

暖かくなっていくと、もうなにも生えてこないように思えた蓮の池が、うっすら緑を見せてきた。

それから夏に向かって、信じられない勢いで蓮が姿を現してきた。私は、その生命力に心を奪われて毎日のように蓮の池に通った。

私は、その姿に自分を重ね合わせ、再生したかったのだ。

蓮が咲き誇って、ぼたりとその花を落とす頃、私はこれからのことを思いはじめていた。

この頃、私は毎日のように不忍池に通い、蓮の写真を撮り続けた。それは、作品を制作するためというよりも、蓮の大きな生命力を見ることで私の心を安定させ、つかの間であれ悲しみを忘れられたからだった。

一緒に音楽をしよう！

半年ほど荒れた日々を過ごしている中で、再会したのがソワレだった。

ある日、友人で美術家の真珠子（しんじゅこ）さんが浅草橋のギャラリーで個展を開催した際、その最終日におこなわれた真珠子さんのライブで、ゲストとして一緒に歌わないかという打診を彼女からもらい、出演することになった。

一九歳の時、突然歌手になり、いくつかソロでライブをおこなった。前述のとおり、二四歳の頃には吉川ひなのさんとのユニットで、二度ほどライブをした。人前で歌うのはそれ以来の機会だった。

ライブの当日を迎えた私は、想像以上に緊張していた。ピアノを担当した美術家のあや野さんや真珠子さんと、童謡や昭和歌謡を一緒に歌うことになっていた。はじめの曲は「南の島のハメハメハ大王」。手振りを入れ、震えながら歌った。

うしろでピアノを弾いていたあや野さんから、終演後に私の緊張が背中から伝わってきたと言われ、少し恥ずかしかった。だが、彼女の言うとおりで、実際に私はステージで震えていて、それがバレないように必死だったのだ。

ライブが無事に終わり、久しぶりのライブを満喫した興奮が冷めやらないまま、私はお客様のいる客席に顔を出し、観にきてくれた方にあいさつをしていた。すると、タックスノットで会ったことのあるソワレと歌手のエルナ・フェラガ～モさんがいた。ふたりとも「ライブ、よかったよ！」と言ってくれた。

この時は、お世辞で言ってくれたのかなと正直思っていた。しかし、そのあとでソワレから「閃いたことがあるから、今度話をさせて！」と言われ、はじめてお互いの連絡先を交換した。

後日、どんなことを閃いたのかが気になって連絡をした時に、ソワレはこう言った。

「一緒に音楽をしよう」
想像もつかなかった提案で驚いた。でも、「おもしろそうだ」と心の奥底では思い、胸が高まっているのを感じていた。

スポットライト

そもそも、なぜ私はずっとステージに立とうとしなかったのだろうか。考えていると、知らないうちに私の心の中を縛っていた思いこみがあったことに気がついた。仕事として成り立たせなければいけない。そして、その活動は芸能事務所に入ってしなければいけない。ひとつの表現ジャンルで活動しなければかっこうが悪い。そんな思いこみがあったのだった。

なりゆきに任せて、単純に楽しんでいいじゃないか。一緒に活動をしてみよう。私は、ソワレの申し出をすぐに承諾した。そして、それから毎日のようにソワレと一緒にいるようになった。

いつの間にかソワレに対して恋心が芽生え、恋人としてお付き合いをするようになっていった。精神的につらい時期が続いていた私にとって、ソワレの存在は傷つき乾いてしまった心を潤してくれた。

それからライブの活動も再開するようになり、数多くのライブに出演することで、ずっと忘れていた音楽の楽しさを感じた。そして、自分の身体を使った表現が心から好きだったことも思いだしていた。

どのライブも印象に残っているが、ソワレがプロデュースしている毎年恒例のライブ「新春シャンソンショー」に出演させてもらった時は、会場が渋谷O－EASTという大きなステージだったこともあり、一瞬なぜ自分がここにいるのかがよくわからなくなるような気分になった。そして、覚えたてのシャンソンを二曲歌った。

スポットライトが強烈に当たる。すると、目の前がなにも見えなくなった。だんだん緊張が解けて、周りのことなど気にならなくなり、みんながいるのにひとりっきりになった。

考えてみれば、バーのオープンからクローズまでの一日。店内で繰り広げられる濃密な出来事。たくさんの人との触れ合いを持ちながらも、私がひとりだということを強烈に感じさせる時間だった。お客様が帰り、私ひとりが残ったバーには、祭りのあとの静けさのような世界があった。

はじめ、ひとりであることを認識するのはとても怖いことだった。誰からも愛されていないような気がして、気休めでも誰かに守られていたいと孤独を感じることを避けていた。しかし、ゆっくり目をつむり自分と向き合っていると、ひとりであることの自由はどこまでも広がるような解放感を私にもたらした。自分にはとてつもない力があるような気分がした。それは自分への信仰のようなものではないか。その自由さを味わうことで不思議な安堵感が生まれてくるのだった。

しんとした孤独さの中で目を凝らすと、小さな光が灯っている。それは私自身の光ではないだろうか。その光を感じると不思議と静寂な安らぎを感じた。小さな光は、掃除したての誰もいないバーと私を照らした。

まるで教会のような厳かな空間で、私は声を出し、この場所に「ありがとう」と言った。その言葉が空間に溶けるのを感じて、いつも閉店したバーを私は出た。

まな板のうえの鯉になれなかった私

歌手デビュー時の一連のプロジェクトの際も、ひとりっきりだと感じたことがあった。一九歳の時に歌手デビュー記念で開催したライブが、大きな会場でのはじめてのライブだった。舞台監督に何度も「ここが一番の見せ場です」と言われていた。クライマックスに早着替えがあったのだ。一番うえに着ている服を引っ張るとマジックテープが取れ、下に着ている衣装に変わるという演出だった。プロジェクトは多くの人たちに支えられ、自分ひとりで作られるものではない。とはいえ、最終的に舞台に出るのは自分ひとりなのだ。

本番は一度限り。失敗は許されなかった。

しかし、焦った私は、本番での早着替えがスムーズにできず、失敗してしまった。リハーサルでは何度も成功したはずだった。結局、中途半端なかっこうのまま私は、恥ずかしさを押し隠して何もなかったかのように歌い続けた。失敗した時に、スタッフの落胆した顔が思い浮かんだ。

ライブ終了後、舞台監督が冷めた目で私を見た。私はこの仕事には向いていないのかもしれない。そう思うと同時に、いざという時に失敗する自分こそが、自分らしいなぁとも思った。ここぞという時に外してしまうかっこう悪い自分を、私自身が子どもの頃からよく知っていたのだった。

デビュー曲を作ってくれた筒美京平さんが、私に話してくれた言葉で一番印象に残っているものがある。

「まな板のうえの鯉（こい）になりなさい」

私は小さい時から、納得のいかないことで人に指図されるのがなによりも苦手だった。だから、歌手デビューのプロジェクトを進める中で、かなり自分の意見を言っていた。しかし、それは私の不安から導かれた意見であったと思う。筒美さんは、そんな私を見抜き、堂々とまな板に載り、まわりに「いさぎよく斬られよ」と言ってくれたのだと思う。

若くて経験もない。自信もない。なによりも、私が意見を出して売れない場合の責任を負うこともできない。そして、完全に満足できない企画や歌が自分の名前で出されることに対し、納得のいかない思いも積もっていた。

筒美さんに言われたとおり、まな板の鯉になろうとがんばってはみた。だが、結局私は往生際の悪い鯉だった。

売れるためには、納得できないことも我慢してやるべきだと思っていた。そして、最終的に結果が出せない状況になった時、自分をかわいそうに感じた。

私の体は、私ひとりにしか動かせなかった。仕事のために違う自分を何人か作ってみても、演じられた人格の私がダメだと判断された時に、本来の自分が自分自身をケアをする必要が生じる。そしてこれも、他人にはできないことだった。本来は私というひとりの人間なのだから、この行為は自分を分離させるようなもので、精神的にとても危険な行為だった。いまであればわかるが、当時は虚構の自分を演じきれるはずだと本当に信じていたのだ。

不器用であっても、自分で自分を守る。そのためには、自分の納得することをやらなくてはならない。私は、歌手デビューのプロジェクトを通してそう思うようになった。

そもそも、ひとつの表現にこだわらなくてもよかったのかもしれない。また、自分に制限をかけていたのは、自分のためではなく、よく解らない他人の視線や体裁のためだったように思った。そのうえで表現とは、自己から離れることではなく、自己に還ることなのではないだろうか、と思い至った。自分の身体を通じて表現をする時に、心も連動しているということを忘れてはいけなかった。

そして、自分でやっていくと決めた私の人生なのだから、私らしく自由になにをしてもよかったのだ。

震災のあと

私の人生なのだから、自由になにをしてもよい。ずっと気がつかなかったそのことを、私に気づかせてくれたのがソワレだった。彼との生活の中でも、私は自分の作品作りについて常に考えていた。ギャラリストである石原さんが言ってくれた「作品が生きる」とはいったいどういうことなのだろう？　その言葉が、ずっと私の頭に残っていた。

二〇一〇年。渋谷にライブハウス「サラヴァ東京」（二〇一九年に閉店）がオープンする頃だった。ソワレはそこのプロデュースをすることになっていた。彼の近くにいた私は、いつの間にかイベントをオーガナイズするようになった。歌を歌ったり、写真を撮ったり、バーで働いたり、イベントをしたり。いよいよ私の人生はなんでもありな体(てい)

をなしてきた。頼まれると役者の仕事もした。そんな自分に満足をしながら、私にとっての「生きる」とは、どういうことなのかを考えていた。

「宗久、バーやれば？」

ソワレがそう言ったのは、サラヴァ東京がオープンして一年ほど経った時だった。正直、はじめはピンと来なかった。まさか自分がバーを経営するなんて現実感のない夢のような話だという気持ちが強かった。しかしソワレは、自身もシャンソン歌手をやりながらバーを開いているので、私にも絶対にできるし、アドバイスもできると言い放つのだった。

東日本大震災のあとで、ネットやテレビの情報を見て、私の心は落ち込み、せわしなく、落ち着かなかった。

計画停電が続き、二四時間明かりが煌々と灯っている新宿の街の夜が暗闇に変わった。がらんどうで廃墟のような街。そんな新宿の光景をはじめて見た。

「こんな時に楽しんでいるのは不謹慎だ」

そんな声が溢れ、心がざわついた。とはいえ、みんなと一緒に落ち込み続けていたら、精神的に持たないと思った。

そんな時、たまたまアーティストのマイア・バルーさんが出演したパリでの被災地支援コンサートのライブ配信を見た。ライブのラストで、出演していたフランスのアーティストたちが日本の「ふるさと」という曲を歌っていた。その曲を聴きながら、いつの間にか涙が溢れてきた。

海外の人たちがこんなに応援してくれている。自分はなにをしているのだろう？　そして、震災の惨状とリンクするように、自分を守っていたなにかがガラガラと崩れ出していくのを感じた。

どんな状況になったとしても、前に進みたい。

私にいま、なにができるのかわからないけれど、動きだしたいと強く思った。新しいことがしたかった。

外へ出て、人に埋もれてみよう。埋もれまくって、なにを感じるのか。私はそれを知りたかった。

そして作品を作る前に、まずは自分自身の人生を生きまくろう。私の生きる力が、作品になっていくのではないか？　頭で考えるより、ぶつかっていくのが私の人生だった。

ソワレと付き合いはじめた頃、父が脳梗塞になり、手術は無事に成功した。しかし、父の体調不良は、その後も長く続いていた。姉たちの計らいで、大阪から千葉県の姉たちが住む家の近所に父は引っ越した。父の具合は、どんどん悪くなっていった。人前に出る時はいつもジャケットを着て、身なりを綺麗にしていた父は、脳梗塞の後遺症で話す言葉がたどたどしくなり、動くのもままならなかった。そして、外に出かけるのを嫌がり、家に閉じこもるようになっていた。言葉はさらに聞き取りにくくなり、痴呆がはじまった。

介護施設にお世話になることになった父に、私は一度だけ会いにいった。大きくて清潔な施設で、介護士たちはみな私よりも若く、気持ちのよい人たちだった。部屋の近くまでいくと、介護士が先に部屋へ入り、私が来たことを父に伝えた。

姉たちに状態を聞いていたから、心積もりはあった。だが、実際に父を目の前にすると、驚きで一瞬時が止まった。この施設に入る直前まで、父はお酒を飲んでいたと思う。私がこれまでに会ってきた父は、長年の飲酒のせいか重苦しい印象があった。それは肌の質感や瞳の濁りなどで見てとれた。ところが、目の前にいる父は、老人ではあるが肌がつるっとして、なにより瞳がなんの濁りもなく美しい輝きを放っていた。まるで生まれたばかりの子どものようで、しばらく見とれてしまうほどだった。新生児のように目の焦点が合わず、空を見つめている。すべての垢(あか)が落ちたように清々しく見えた。

父は子どもに戻っていた。その綺麗な瞳を見ながら、私の心の中には「やっと戻れたね、よかったね」という気持ちが自然に溢れた。

「宗久だよ。会いにきたよ」

子どもになった父の目線に合わせ、まるで自分の息子と話すように、私は父と向き合った。すると父は、はちきれんばかりの笑顔を私に見せ、新生児のような嬌声を発した。そして、緩く握り締めた拳で、腕を強く上下に振りはじめた。父が喜んでいるというのが、心から伝わってきた。

「僕も嬉しいよ、ありがとね」

私も自然に笑顔になって答えた。はっきりとは言葉を認識してないようだが、なにかが伝わっている気がした。父の喜びの動作はしばらく続いた。普段あまり見せない様子だったので、父を見て介護士の方も珍しがっていた。

父を見ていると、自分の息子というよりも、弟を見ている感覚にだんだんなっていった。若い頃の父の写真は、いつも屈託のない笑顔で写っていた。新生児の姉を笑顔で抱く父、私の七五三の三歳のお祝いの席でおもちゃを取り上げられ、取り返そうとしている私をいたずらっぽく笑いながら見ている父。父はよく笑う人だったのかもしれない。楽しいことやいたずらが大好きで、いま私を笑いながら見ているように、天真爛漫な人間だったのだ。

「僕たち、ずっとこの感じでやってきたかったたね」

私は、そんな声にならない思いを胸に秘めて発した。どうして私たちは素直に生きられないのだろう。ただ素直に喜んだり、悲しんだり、そのままの感情を共有できたら、なにも問題はなかったのではないだろうか。そして、それが実現できれば、なんて幸せなことだったのだろう。

しかし、そんな理想とは違った人生を私に見せてくれた父には、偽りのない人間らしさも感じるのだった。私たちはうまく親子という関係をかたちにすることができなかった。こうして綺麗な瞳の父と会うことができて、やっと心の繋がりを感じられることに、切ない思いもあった。

父がこの複雑な感情を私に教えてくれたのだとしたら、真っ直ぐな道では到底知り得なかったことだと思った。真っ直ぐな道の人生だったら、私の人生はどうなっていたのだろう。いずれにしても、脇にそれた道を歩んだことは、本当にエネルギーを要する経験だった。感情が現れては消え、消えては現れた。

そして、その後しばらく月日が経ち、父は亡くなった。

父が亡くなる一年前に、母は父と法律上の再婚をした。母は、父の葬儀を母の信じる宗教のやり方でおこないたいと強く言った。数年前から、母がある宗教を信じていることを知っていた。

母の好きなようにすればよい。私たち子どもは、母にそう伝えた。葬儀の当日、喪服ではなく授業参観風のスーツを着た数人のおばさまの軍団が会場に入ってきて、呪文のような言葉を唱えながら、不思議な手振りをしはじめた。そのまま、父が入っているお棺の周りをまわりだす。その様子を見た時、思わず姉たちと顔を見合わせた。母は、儀式への参加がはじめてだったようで、緊張の面持ちでおばさまたちのパフォーマンスを見よう見まねでやっているようだった。子どもの学芸会を見る親の気分は、こういうものだろうか。私は母の初舞台をハラハラしながら見届けていた。

しばらくすると彼女たちの動きは止まり、父に向かって手を合わせはじめた。母とおばさまたちに変な呪文を唱えられながら父が見送られているのを冷静に見ていると、茶番劇を見ているような気分がしてきた。もしかしたら人生をかけた壮大なコントを見せてくれているのかもしれない。

そう閃いた私は、思わず吹き出してしまった。長姉に横腹を叩かれながら、姉たちも同じ思いだったのか、堪えきれず一斉に吹き出しはじめた。私たちは込み上げてくる笑いを抑えながら、また悲しくなって自然と涙が溢れ出すのだった。

北海道から出てきた夫婦のささやかで壮大な人生の、喜劇的なエンドロールを体験しながら、父と母の人生に思いを馳せた。あんなに胸を痛めたり、私たちの心を傷つけたように思えた夫婦。そんな夫婦の営みの終焉が、私たちの笑い泣きで終わることに、呆然とした。同時に、私は父と一緒に過ごした人生について思い返しながら、この風変わりな道でよかったのだと思えた。こんなに複雑で繊細な感情を教えてくれなければ、いまの私はいなかっただろう。

VI

星男オープン！

「お店、やってみる。お店、探しに行こう」

私は、意気揚々としてソワレに言った。すると、彼はすぐさま数件の物件を見つけ、内見の日取りを決めてくれた。

はじめは、ビルの中にある居抜き物件を見ていたが、どうもしっくりこない。初期投資をあまりかけずに済むという金銭的な理由で、居抜き物件を探していた。だが、はじめからお店のイメージが固まっているように思え、ふたりとも気乗りしなかった。

どうしようかと迷っている時に、いまのお店の物件が見つかった。ここは、バーの設備などはないスケルトンの物件で、私は以前この場所にビデオ屋があったのを覚えていた。しかし、自分たちで内装を作り、バーの設備を整えるには、お金が掛かる。初期投

見つけた物件は、元はビデオ屋だった
（2011 年 10 月）

資として出せる資金がなかったので、私はむずかしいと思った。だが、そこに入った途端にソワレが「ここしかない！」と言った。

「お金はなんとかするし、なんとかなるよ。ここでやろう！」

疑いのない瞳で彼は言った。大きな初期投資をしたうえで、本当にお店がまわるのか私は不安だった。しかし、ソワレの自信満々な態度を見て、なんとかなるような気もした。ダメだったら、またその時に考えればよい。乗りかかった船だ。やれるところまでやってみよう。私は覚悟を決めた。

そして、なんとか不動産契約までこぎつけ、私たちはそこにお店をかまえることになった。

ソワレとはじめたバー「星男」は、二〇一一年一〇月にプレオープンし、一一月に正式オープンした。私は三五歳になっていた。

はじめの頃、ソワレと私以外のスタッフは一名だけしかいなかった。いまでも続けてくれている作曲家でピアニストのイーガルさんだ。彼は、ソワレに紹介してもらった。イーガルさんは月曜日、ソワレが木曜日、それ以外の曜日は私が入っていた。

「星男」のプレオープン（2011年10月）

お店の開店資金として、四〇〇万円ほどソワレに借りていた。三年半で返済する予定を組んだ。お店の経理はソワレが担当し、毎月返済額をきっちり支払いながら、がむしゃらに働いた。どんなに忙しくてもスタッフを増員しなかったのは、人件費を節約して、その分を返済に当てたかったからだ。

手探りの経営

ありがたいことに、オープン当初からお客様がたくさん来てくれた。いまよりも忙しかったのに、私ひとりが多くの曜日を担当し続け、その結果、ソワレに借りた資金は、予定どおり三年半で無事に完済できた。

お店の場所を二丁目にしたのは、私がゲイだという単純な理由だった。

はじめは、一応ゲイバーという感覚でオープンしてみた。だが、私はこれまでジェンダーやセクシャリティなど関係なく、仲よくなった人と遊んでいたこともあってか、自然とゲイだけが集まるようなお店にはならなかった。自分のこれまでの日常と同じく、いろいろなジェンダーやセクシャリティを持った人たちが集まってくるようになっていった。

タックスノットでの経験がお店作りの基本となっていたので、お酒選びや開店時間などはまったく一緒ではないものの、近しいと思う。タックスノット出身者のバーは二丁目にいくつかあり、みんなどことなくその雰囲気を受け継いでいるように思う。

「星男食堂」をやっていた頃。
ボードにメニューが（2012 年 8 月）

ソワレは、お店作りの一切を私に任せてくれた。私は、いままで自分が心地よいと思ったバーの影響を受けながら、お店を作っていった。しかし、どんなに他店からの影響を受けたとしても、不思議なことにそれぞれのお店の個性ができあがってきてしまうものだ。星男も日を追うにつれ、お店の個性が自然とできあがっていった。

オープン当初は、冷やかしのお客様も

ちらほら来ていた。

あるお客様は、モデルやタレント時代の私の活動を知っていて、店内と私をジロジロと見たあとに「二丁目でお店なんて、あなたも落ちぶれたわね」と言い放った。お客様への対応にまだ慣れてなかった私は、正直に腹を立ててしまった。気がつくと両手でカウンターを叩き、「お代、いらないんで帰ってください」と言って、そのお客様には帰ってもらった。

彼が帰るのを見届けた私は、急激に脱力した。叩いたカウンターをかわいそうに思って、「ごめんね」とカウンターに謝ることしかできなかった。

また、ある夜のこと。年配の男性客が酔っ払って入ってきた。私を見ると、すぐに右手を顎のほうに持ってきて、身体をくねらせ、古くからあるゲイを表すポーズを示してこう言った。

「君はあれなの?」

カチンときた私は、「あれって、なんですか? ちゃんと言葉で言ってください」と言ってしまった。私の言葉に怒ったそのお客様は暴れ出し、私にグラスを投げつけた。

いまは、そういうお客様がまったく来なくなった。あれはなんだったのだろう。振り返ってみると、バーという仕事に関して、まだ自分の中に否定的な気持ちがあったことが原因だったのではないか、と思うのだ。

水商売や二丁目に対して刷り込まれていたネガティブなイメージが自分にもまだ残っていて、当時は、まだ私の中でそれを完全に許容できてない部分があった。そんな思いが、お客様に映し出されていたようにも感じるのだ。そして、続けていくうちにマイナスな思いは綺麗になくなっていった。この街とこの仕事のすばらしさを身をもって経験し、誇りに思うようになっていった。

星男劇場

常連のお客様や個人的に仲がよい方たちから、密かに語り継がれている言葉がある。それは「星男劇場」。

バーではお酒を交えてのコミュニケーションを取るのがほとんどであることは、言うまでもない。会話中に、お酒の力で普段より感情をたかぶらせてしまうのも一興ではある。だが、ついそれが行き過ぎてしまうことがある。そんな時は、誰かが泣いたり、怒ったりする。そして、そんな瞬間に立ち会った方たちは、それぞれが激しいストーリーの中で役者のような役割を演じているように見えてくる。だから「まるで劇場のよう」ということで、そう呼ばれるようになった。

私とスタッフがそれを立ち上げることもあるし、お客様が立ち上げる時もあり、これまで様々な星男劇場が生まれてきた。私が、感情を顕にする性格というのがこの劇場がはじまった一番の理由であるような気もする。

いずれにせよ、劇場が立ち上がる時に思うのは、コミュニケーションにおける感情には、大人も子どももないということだ。星男劇場では、まるでみなが子どもに戻ったかのように、それぞれの役者が感情を顕にする。理性的であるのはスマートで素敵なことだとは思う。だが、内面に溜まったいろいろな思いをその場その時ではき出し、素直な思いを他者に伝えられることで、より深いコミュニケーションがはかれるような気もするのだ。

そして、大人になればなるほど、この部分（思いをはき出すこと）がむずかしくなってしまう気がする。ただ、この劇場は「劇薬」のような面もあるので、取り扱いには十分に気をつけなければならない。劇場が立ち上がったあとは、アフターケアとして無礼講を謝るなど、相手に感謝の気持ちを伝えることが大切だ。

星男では、突然誰かが泣き出したり、怒り出したり、笑い出したりすることがある。それが劇場のはじまりだ。劇場をたまたま見かけた方は、以上のことを前提に見学することをお勧めしたい。もしくは、そっと帰るのも賢明かもしれない。

ある女性のこと

お店のお客様と心を開いて触れ合うことによって、私の感じる現実は少しずつ変わっていった。私は、実際に人に必要とされたかったのかもしれない。学校の中で、変わった人として扱われることに疎外感を抱いた。モデルやタレントになってからは、テレビの画面上や、誌面の中にいる虚像の自分を必要とされていることに、嬉しい反面どこか虚無感を抱いた。実際に地に足をつけて「いまを生きる私」を仕事を通じて必要としてくれる場所を望んでいた。私は、星男でその喜びに気がついていった。

そして、本当に私が変わったのは、この出来事があってからだと思う。

彼女がはじめて来てくれたのは、いつだっただろう。瞳がとても綺麗な女性だったので瞳ちゃん(仮名)と呼ぶことにしよう。星男を開いて一年くらい経った頃だろうか。はじめは何人かで来て、次からはひとりで来るようになり、いろいろな話をした。

たいてい日曜日の早い時間で、お客様がいない時間帯だった。お酒は一杯だけで、あとはお茶かジュースを飲んでいた。そんな中で、瞳ちゃんは日々の悩みや思いを私に話してくれた。カウンターにちょこんと座った彼女が「宗さーん、聞いてくださーい!」と言い、その多くは恋愛の話だったので「またか」と思いながら「はいはい、なに〜?」

とぶっきぼうに答えるのが常だった。

瞳ちゃんは若く、かわいらしくて、恋愛で悩んでいる姿も私には輝いて見えた。お客様のほとんどは、誰にも言えないことを話してくれる場合が多く、私を頼ってくれていた。彼女もそのひとりだった。聞いているうちにこちらも感情移入してしまうもので、私はまるで妹ができたような感覚を瞳ちゃんに少しずつ持ちはじめていた。

ある日、いつものように対話をしていると、瞳ちゃんがいきなりポロポロと涙を流しはじめたので、私は動揺した。いまは、大人になって忘れてしまった情緒の不安定さが、私にも過去にあったことを思い出しながら、正気でいるように努めていた。しばらくして気分が変わったのか、さっきのことがなかったかのように、彼女はニコニコ笑いはじめる。そんな彼女を見てホッとしながら、目まぐるしく移り変わる天気を見ているようだと思った。タロット占いの結果を聞いた時にも泣いていたのを覚えている。いつもなにかしらに悩みながら、感情を豊かに表現する瞳ちゃんの心の純粋さを感じていた。

その頃、星男ではシンガーソングライターの松井優子さんの曲がよく流れていた。松井さんとも星男で出会った。曲を聞かせてもらうとあまりにも素敵で、私はすぐにファンになってしまった。瞳ちゃんも松井さんの曲をとても気に入って、ファンになった。しばしば星男でも松井さんのライブをおこなったが、瞳ちゃんは松井さんのライブにはほとんど来てくれていた。

松井さんがはじめて星男でライブをやった時のこと。松井さんが演出としてお花を配りながら歌い、その花が瞳ちゃんにも届いた時、彼女の頰が真っ赤になった。そしてライブの最中でも恥ずかしそうに泣いていた。他の場所で開催される松井さんのライブにも、必ず瞳ちゃんは参加していた。

ライブが終わると、「宗さーん、本当によかったですね〜」と嬉しそうな表情で感想を私に話してくれた。

そのうち、星男に来ても瞳ちゃんはお酒をまったく飲まなくなった。「体の調子が悪いんです〜」と言っていたけれど、まさか本当に病気になっているとは思いもしなかった。入退院を繰り返すようになって、一年後には星男に来られなくなった。

瞳ちゃんが最後に来てくれたのは、二〇一五年の七月だった。その日、前日に哀しいことがあった私は、前夜から飲み続けてしまい、すごく酔っ払っていた。その場にいたお客様によれば、瞳ちゃんが来た時に「ちょっと〜あんた心配してたのよ〜」などと私は言ったらしいが、ほとんど覚えていない。

その時、毎年開催している真珠子さんと写真家の増田賢一さんの夫婦展のオープニングがあり、増田さんが彼女と私のツーショットを撮ってくれていて、本当によかった。七夕の時期で、星男に設置した笹の前で短冊にお願いを書いてくれた瞳ちゃんとの写真だった。

瞳ちゃんと会えたのは、それが最後だった。

そして、九月のはじめに哀しいお知らせが届いた。瞳ちゃんは亡くなってしまった。

死は誰にも必ずやってくる。そのことを知っているはずなのに、慣れないし、やはり哀しかった。

私は、彼女のお葬式で慣れない受付をすることになり、葬儀場には久しぶりに会うお客様もたくさんいらした。私は、自分の気持ちの収まる場所が見つからなかった。会場では、松井優子さんの曲が流れていた。曲を聴きながら、瞳ちゃんと過ごした日々が思い起こされた。

目をつむって寝ているように見える彼女は、生前と変わらなくかわいかった。

彼女を見ながら、私の目からとめどなく涙が溢れた。

「星男に来てくれてありがとう」と最後に彼女に伝えた。

「死」とはなにか

バーではお客様をあだ名で呼ぶことが多く、本名は知らない場合がほとんどだ。SNSでは繋がっているが、住所や携帯番号、職業を知らないことも多い。けれど、他人に言えないことを私に相談をしてくれるなど、少しずつ深い心の繋がりができていく。瞳ちゃんもそうだったが、はじめ私は瞳ちゃんに対しても、他のお客様に対しても、あえて深く立ち入りすぎないように境界線を張っていたように思う。

お店の人とお客様という関係をある意味でクールに捉えて、そういうものだと割り切って付き合っていたのは、深入りして自分が傷つかないように無意識に自己防衛をしていたからなのかもしれない。

他人の本当の思いはわからない。話したいことを話せばスッキリするのだろう。単純にそう思っていた。だが、瞳ちゃんの場合、そうではなかった。

地方から東京に来て、年も若い彼女は、仕事がとても忙しそうだった。きっと私が聞いていないような、幅広い交友関係があるのだろうと勝手に思い込んでいた。でも、お葬式に参列した人々を見ているうちに、彼女の東京での友だちは星男で出会ったお客様ばかりだったことに気がついた。

葬儀場で流れていた曲は、私が星男で出会い、ファンになりライブをしてもらった松井優子さんのものだった。亡くなった話を教えてくれたのは、星男で瞳ちゃんと知り合って仲よくなった女性のお客様だった。

おそらくご家族が瞳ちゃんのSNSなどを調べているうちに、東京での瞳ちゃんの交友関係の中で、星男での交友関係が目立っていたのだろう。そして、葬儀を手伝ってくれる人が少なく、ご家族が困っているようだった。そんな理由で、店主である私が受付をすることになった。

瞳ちゃんの東京での生活で、明らかに星男と私が彼女の生活に大きく影響を残していたということにあらためて気づき、愕然とした。勢いではじめ、ただがむしゃらに続けてきたお店だった。それでも誰かの人生の大切な時間を共有していたことに気づいた瞬間だった。

彼女は星男という空間とそこに集う人々を大切に思ってくれていた。私はその本当の意味に気づかず、泡沫のように過ぎる日々を深く考えることなく送っていた。そんな中で、一過性の幻のような関係のひとつという立ち位置で彼女やお客様を捉えていたのだった。

私は、自分の浅はかさを恥じるほかなかった。自分を守るために、本心のところで他人の心を受け入れていなかったのだ。

場所を作れば、そこに人が集まる。人が集まれば、人間同士で様々な感情のやりとりが生じる。その深い意味についての認識を、私は更新せざるをえなくなった。

更新した認識は、店をはじめる頃に考えていた刹那的なものとは、まったくの別物だった。

一夜一夜が誰にとっても大切な夜であり、その中でのコミュニケーションは宝のようなものだった。

小学生の時、女の子の友人が亡くなった。人の死に立ち会うのは、はじめてだった。その友人とは数日前まで一緒にいたので、お葬式に行っても死の実感が湧かなかった。どのようにして友人が亡くなったのかをあとで聞いた。病気ではなく事故だった。

人が突然死んでしまう。そんなことがあるのを心の底から受け入れられなかった。自分にも周りの人にもそれがありうる。そう考えると恐ろしくなった。死というものがとてつもなく大きな恐怖となり、自分を無力な存在のように感じた。

それ以降、私は亡くなった友人のことと死のことばかり考えるようになっていた。私は、友人の死について思い出すたびに怖くなった。そして、その都度、優しかった彼女の顔を思い出し、死を穢れたものとして捉える自分を責めるようになっていた。自分が思う死への恐怖は、優しい友人に対して失礼であるような気がした私は、毎日のように祈り、懺悔するようになった。

死というものがわからなすぎて、抱えきれなかったのだ。

とはいえ、一七歳で仕事をはじめると、いつの間にかその強大な妄想は私の中から消えていき、友人を思い出す時間も減っていった。

メメント・モリ

　ある夜、星男のカウンターに立っていると、はじめて見る若い女性のお客様が来た。

　私は、いつものようにあいさつをして自己紹介をした。すると、彼女は私を見ながら、私を以前から知っていて、小さい時に会ったことがあると告げた。彼女と私が会っていたのは、小学校の時に亡くなった、あの友人のお葬式だった。

　彼女はあの時に亡くなった友人の妹だったのだ。

　友人の葬儀の様子について、私はうろ覚えだった。だが、私よりも小さかったにもかかわらず、妹は当時の様子を事細かに覚えていた。同級生たちが来て、特に男の子たちが訳もわからず騒いでいたこと。みんなから自分に向けられた視線。当たり前だが、私が感じたもの以上に、当事者の遺族の体験はつらい。妹の話を聞いて、強くそう感じた。

　今回、星男に来た理由は、私にあいさつがしたかったのと、亡くなった姉の話がしたかったからだと妹は言ってくれた。そして、身内の自分が強くならなければと思って生きてきたことや、感情が溢れそうで勇気が持てず、ずっとこのお店に来たかったが、なかなか来られなかったことなどを話してくれた。

「ごめんなさい」と言いながら、妹は泣いた。

私もつられて泣きそうになったが、どうにかこらえて、彼女の声に冷静に耳を傾けた。長い時間、ふたりで亡くなった彼女の話をした。一七歳くらいまで、私が彼女の死に対して恐怖と罪悪感のようなものを感じていたと話すと、妹も似たような感情を持っていたと言った。

妹と話をしながら、星男によく来てくれていた瞳ちゃんの顔が頭に浮かんできた。優しかった彼女も、若くして命を落とした。同級生の友人は一緒になって大騒ぎするようなタイプではなく、静かで知的な印象があった。聡明で独特の笑いのツボが私と合い、背が高くて中性的な女の子。

ふたりとも、とってもかわいくて優しい女の子だった。

私はふとふたりに「ごめんね」と心の中で唱えた。その謝罪は、私が死に対して複雑な気持ちを抱き、生とは違うものとして、分けて考えてしまったことに対してのものだった。

彼女たちも私と同じように「ごめんね」と言っているような気がした。そして私は、謝るより先に、「ありがとう」と言うべきだったと思い直した。

若かった時の、あの死への恐怖から比べれば、少しは心が強くなったと思う。でも、いまだに私は、死がなんなのかわからない。死とは、どう捉えたらよいものなのだろうか。

すると、死というものを特別なものとせず、生と同一線上にあり、死と生を同等なものとして捉えてみてはどうだろう、という考えが浮かんできた。どちらか一方が特別なものではなく、どちらも特別なもの。

すべてが特別なもの。そう思うと、日々の出来事や出会いのすべてがありがたく思えた。そうだ、マイノリティーとマジョリティーにおいても、それらを分けて考えることで私は苦しくなったのではなかったか。

いまは他者の死と向きあっても、恐怖心や罪悪感はない。それは、一緒に過ごした時間と空間の優しい記憶や彼女たちの笑顔や存在の印象はなくならず、生きている時と同じように感じられるからだ。いつも優しかった彼女たちの存在。その佇まいがほのかな光となって、私の胸をいまも温かくさせている。

お店が取り持つ縁

お店をやっていると、お客様同士が仲よくなることがよくある。男女が仲よくなれば、結婚に至ることもある。私は、星男で出会った数組の男女の結婚を見届けることができた。その中でも印象に残っているご夫婦がいる。

毎年、周年パーティーでは飲み放題になるので、お客様の多くが酔っ払うのが常だ。

しかし、一番酔っ払ってしまうのは、じつは私かもしれない。だが、おめでたい席なのでそこは許してもらいたい。

星男が二周年を迎えた時、そのふたりは出会った。ふたりとも大いに酔いながら、その夜はそのまま一緒に帰った。その後、ふたりは付き合いはじめたのだった。次の年の三周年のパーティーの前に、男性の方から相談があった。彼は、この場所でふたりが出会ったことを大事にしてくれていた。パーティーの最中に、彼女にプロポーズしたいと言うのだ。彼は指輪を用意して、その場で渡したいとも言った。とても嬉しくなった私は、その申し出を喜んで引き受けた。

私はパーティー当日の進行を務めたのだが、なにしろふたりにとっての大事な瞬間をコーディネートしなければならない。私と彼は少し緊張しながらその時を待った。私は頃合いを見計らって、そこにいたお客様たちに彼から彼女に話があると大きな声で言った。みんながふたりに注目した。みんなの前で彼が話してくれたのは、二周年の時に星男で彼女と出会ったことへの感謝と、「みんなにお付き合いさせて申し訳ない」と言いつつ、彼女へ伝えたい言葉があり、その瞬間を見届けてもらいたいということだった。

パーティーに参加した誰もが、息を飲んでふたりを見つめていた。彼は指輪を取り出して、「結婚してください」と彼女に言った。少し経って彼女は「はい」と答えた。すると、一斉に「おめでとう！」の声が沸き上がり、歓喜の中でふたりの門出を祝った。

段取りがうまくいったことに安堵しながら、彼と私は幸せな時間を味わっていた。

五周年の時、ふたりのあいだには子どもができた。その後は、周年のたびに親子で遊びに来てくれる。人懐っこくて笑顔の優しい天使のような男の子。この子が大人になった時にも、会いに来てもらえるように、この星男という場所が続くことを願うのだ。

Ⅶ

大事なのは私の人生

さて、話は星男のオープン前にさかのぼる。

はじめは、自分が目指す作品を作りながら、お店を経営していく気持ちで星男をオープンした。しかし、実際にはその両立はむずかしかった。私は、お店の経営に熱中して、だんだんと作品を作らなくなっていた。

お店では、多くのアーティストに展示やイベントをお願いしていた。お店を作るきっかけになった、美術家の真珠子さんとヴィヴィアン佐藤さんには、星男での作品展示を毎年お願いしようと思っていた。そして、おふたりは快く承諾してくれた。

ところで、なぜそのふたりがお店を作るきっかけになったのか。はじめにソワレを紹介してくれたのがヴィヴィアン佐藤さん。そして、久しぶりのライブでソワレと親しくなるきっかけを作ってくれたのが、そのライブに誘ってくれた真珠子さんだった。

ご縁によって生かされてきたと感じるからこそ、そのご縁を大事にしたいと私はつくづく思う。

お店を通じて多くのアーティストと出会い、その作品に触れられたことは、私にとって「作品とはなにか？」を再考する機会となり、また作家としての在り方を考えさせられる重要な時間となった。

二〇一一年、星男がオープンする少し前の時期に、渋谷のギャラリーと近くのカフェで私は個展を開催した。展示のタイトルは「星男」。サラヴァ東京でもイベントを開催した。いずれも、これからお店をやっていくことをアピールすると同時に、作家としても気合いを入れてやっていく決意を示すために取り組んだ展示だった。

しかし、それらの展示では、まったく作品が売れなかった。

作品を売って生きる。その在り方について、私は凝り固まった考えを持っていたと思う。「売れない」イコール「自分が求められていない」というように、ふたつを直結してしまう考えが強くあったのだ。

モデルの頃は、生活をしていくためには仕事があるのが必然だと思っていた。歌手の頃は、売れることを目標にするのが当然だという考えを持っていた。そんな流れがあったから、作品を作れば売れるのが当然だと、当たり前のように考えていた。

だが、売れる・売れないという点よりも、私の人生のほうが大事だと気がついた。作品が先にあるのではなく、私の人生の中に作品がある。求められるから作るのではない。私が作りたいから作るのだ。私個人が作品を作りたいという思いは、あくまでも純粋なものでよい。売れる・売れないと簡単に判断するべきではない。私が人生に、そして作品に込めた想い、それが大事だった。

そうした気持ちの変化を生んだのは、お店で数多くのアーティストと出会い、作品を展示してきたからだった。

「星男」というタイトルの作品は、以前、ギャラリストの石原さんに「○点」と言われたものを再構築して作った。それは改めて私の感覚を信じて作り、発表したものだった。売れるかどうかをほとんど意識せずに作ったものの、実際になにも売れないという結果は、さすがにさびしく感じた。だが、それでも私は作り続けるだろうと思えた。

自分の作品を星男で展示しよう

星男が開店する時期に、ソワレが戸川昌子さんのライブハウス「青い部屋」に連れていってくれた。当時のうねるようなエネルギーの一端を感じられる刺激的な夜だった。ソワレは九〇年代に、「青い部屋」をリニューアルさせたキーパーソンのひとりだ。お店のプロデュースをしていたこともあり、戸川さんとは家族のようなお付き合いをしていた。

戸川さんは、亡くなる少し前に星男に来てくれた。圧倒的な存在感。それは誰とも替えようのない自分をすべて許容することから生まれてくるものではないかと思えた。

ソワレと知り合えたのがきっかけで、「青い部屋」に出演していたアーティストたちのライブを見る機会が増えた。いままで知らなかったアーティストたちの、その濃厚な在り方に、私は新鮮な衝撃を受けていた。

それぞれのアーティストが独自の個性を活かしながら歌う。とりわけ戸川さんの歌には強烈な刺激を受けた。彼女の歌を聴くと、自然に涙が止まらなくなった。人生の出来事を話しながら、自然に歌に入っていく。そして、まるで人生を語るように歌うのだ。

歌は、その人の実生活が表れると口癖のようにソワレが私に言った。日々の生活がそのまま歌になってしまう。だから、ステージだけを意識して表現するのではなく、生活を大切にするのが重要なのだと。

ある時、ヴィヴィアン佐藤さんがこんな話を私にしてくれた。

「アートにはいろいろなかたちがある。たとえば、歌に置き換えるとチャート上位のヒット曲のようなその時代に流行するアートや、数は少なくとも誰かの心に一生強烈に寄り添っていくようなアート。それらのなにがよい、悪いではなく、一番大事なことは、作品を作るという行為は人間の尊厳そのものだということ」

はじめてその言葉を聞いた時、私はぽかんとしてしまった。ただただ売れようとしていた私には、その意味がよくわからなかったのだ。しかし、いまとなっては、その言葉の意味がズシリと心に刺さる。

作品作りを思うようにできず、自分のお店での展示も避けていた私だった。しかし、お店の経営が五年を経過した時、はじめて自分のお店で自身の展示をしようと思う気持ちが生まれはじめていた。戸川さんやソワレ、たくさんのアーティストたち、そしてヴィヴィアン佐藤さんの言葉が胸に響いた結果だった。

生きることは表現すること

「ビルを建てます！」

歌手デビューが決まった時の事務所の社長との打ち合わせで、開口一番、私はそう言った。「いまどき珍しいいね」と社長が喜んでくれたのを覚えている。当時の私の純粋でかわいらしい欲望は、いまとなっても、責められるものではないと思っている。みんなに喜んでもらいたい。心からそう思っていたのだ。そして、ビルを建てられるほどに成功をすれば、自分が幸せを感じるとも思っていた。

しかし、当時の心情をいま思い返すと、こんな思いが湧き出てくる。物質的な成功や人に必要とされなければ、自分を認めてあげられなかったのではなかったか、と。

お金をたくさん稼いだり多くの人に必要とされるのは、ある意味では確かにすばらしい。だが、そういった表面的なものの評価だけではなく、前提として、まず私が私の思いを見つめ、認めてあげることのほうが大事だった。そして、私の心が生き生きとするような、私がやりたいことを、私が私に自由にやらせてあげる。それこそが人間の尊厳というものではないだろうか。

私にとっての生きることとは表現であり、表現とは自分自身である。くわえて、人生の中での表現とは「私が私に好きなことをやらせてあげる実験」のようなものだと捉えるようになっていった。

その実験とは、興味を持った対象や物事を通して、人間やこの世界を知ろうとする研究だ。私の人生を通して、体を張って研究を続けていく。その研究は、私自身を心から認め、知っていくという行為に繋がっている。

実験や研究は結果も大事だ。とはいえ、なによりも自分に優しく、どこまで許容していくか、という部分に心を傾け、経過を楽しむのが人生ではないだろうか。

働き者の母を思いだす

私が働くのが好きなのは、母の働く姿を見てきたからだと思う。

私が小学五年の頃、母は自分の美容室を持ち、生き生きとしながら働いていた。私もよく店に付いて行き、控室で遊んでいた。

パーマ液の香りが広がる店内の小さな控室で、お客様がいない時に母と会話をするわけでもなく、ただ同じ場所で一緒に過ごす時間。それが私にとって大切な時間だった。

仕事中の母は、店内でお客様と笑い合ったり、悩みごとを聞いて悲嘆の声をあげたり、まるでお客様と母が友だちのように見えた。髪を綺麗に仕上げ、お客様が来た時よりも満足そうに帰っていくのを、飽きずに一日中でも見ていられた。

三〇代で私を産んだあと、母は美容師になると決めた。働きながら美容学校に通い、美容師免許を取得した母は、手に職をつけて、自分で働いてお金を稼ぐ喜びをいつも口にしていた。

当初は美容室で社員として働いていた。その後、独立してからの母は、以前よりパワフルになった。「金は天下のまわりもの～」とふざけながら、自分流の節をつけて歌うのが常だった。

母は週に一度の休み以外は、ほとんど休まなかった。でも、仕事の愚痴を子どもたちに言ったことはない。

私にとっての「働くこと」とは、母のように誰かに必要とされ、喜ばれながら、自分も生き生きと満足し、自分で稼ぐ喜びを謳歌しながら生きることだった。

お客様を綺麗にする仕事だから、自分も綺麗でいなくちゃいけない。そう言って、母は自分なりのお洒落にこだわっていた。姉たちも小さい頃からお洒落だった。そんな母や姉の影響からか、小学三年になる頃には、その日の洋服のコーディネートや髪のセットが決まらないと学校を休むような子どもに私は育っていた。

いまではどんな髪型でも挑戦できる。でも、当時のこだわりは激しかった。暮らしていた地域の中学が、校則で男子生徒の坊主を決めていた。私はそれが死ぬほど嫌だったのだ。坊主になるくらいだったら、誰になんと言われようが中学には行かない。そう言って暴れるくらい、当時の私は強い意志を持っていた。

その結果、小学校を卒業してすぐ、髪を自由に伸ばしてもよい中学のある隣町に引っ越した。ちょうど、母の店がその中学の地域のほうが近かったのも理由のひとつだった。

そんな私だったが、二〇歳を超えた時に自分で思い立って坊主にした。その時にわかったのは、中学に入る前の私は単純に坊主が嫌だっただけではなく、なにかを強制的に決められるのが嫌だったのだ。

様々な世代の、ジェンダーやセクシャリティも様々な人たちが集まって話をしている私のバー。その光景に、私はなんともいえない幸福感を覚えた。それはどこか見覚えがある光景だった。私は記憶を手繰り寄せていく。

パーマ液の香りが広がる小さな控え室。元気に働く母の姿。美容室で様々なお客様と笑い合いながら、井戸端会議をしている母を、私はずっと見ていた。その光景こそが、いま目の前に広がるバーの光景と同じような世界だったと私は気づくのだった。

父が近くなる

私は、父が亡くなってからのほうが、父と近くにいるように感じはじめていた。晩年、父は自分のルーツを調べていると言っていた。その時はそれに興味を持てなかった私だったが、私もいつのまにか父のルーツを調べはじめるようになっていった。

戸籍謄本が必要な申請があり、地元の市役所から郵便で取り寄せて見てみる。父の出生場所は夕張だとばかり思っていた。ところが樺太だったのだ。真相を母に聞いてみた。祖父が戦争の時に家族を樺太に残して北海道にひとりでいた。そして、終戦となったのち、祖父は家族を迎えに樺太へ行った。樺太で生まれた父は、祖父と一緒に北海道に戻ったというわけだった。

姉いわく、父もそれを知ったのは四〇代を超えた時だったという。それ以降、父は自分のルーツを調べはじめたのだろう。

父方の祖父と私たち家族は、一年だけ一緒に住んでいたらしいが、私はほとんど覚えていない。父の酒乱もあってか家では喧嘩が絶えず、祖父は家を出て父の兄弟がいた山梨で暮らした。そして、自分の部屋でスーツ姿のまま亡くなったという。山梨で一度、祖父と会った記憶がある。地元に必要な電柱や電気関係のものを自分ひとりで作っているという話を聞いた覚えがある。祖父は夕張炭鉱の職員だったらしく、お金はあったようだ。父は文学が好きで文系の大学へ行きたかったが、祖父が反対し、手に職をと東京の電気系の学校へ行かせた。

北海道へ戻った父は、祖父が持っていた二階建ての家の一階で、電器店をやっていた。私が産まれる前で、私以外の家族がその一階で暮らしていたという。祖父はお金があったから、父の家族に援助をしてもよさそうなものだが、それはなかった。よく未払いの赤紙が家の中に貼られていたと母は述べている。

その電器店で修行をしたあと、父は北海道で独立して電器店を営んだ。そこで三女が産まれた。その頃の写真を見ると、みんなかわいらしいお洒落な洋服を着ている。お手伝いさんもいたというから、けっして貧乏な家庭ではなかったのであろう。

千葉へ引っ越して、二階建ての二階部分が住まいになっている大きな電器店を営んだ。

開店資金はけっこうかかったと思う。だが、そこでも祖父の援助はなかったらしい。

父のことや北海道での暮らしについて母に聞いてみたことがある。だが、なかなか答えてくれなかった。ある時、母はふと答えたことがある。それは、父との出会いに関する話だった。

中学を卒業した母は、当時大夕張（夕張市鹿島地区）に一軒だけあった本屋でアルバイトをしていて、本屋に熱心に通う文学青年だった父と出会った。そういえば、亡くなる数年前に父と会った時、私がたまたま漫画を読んでいたことがあった。すると父は、漫画よりも「本を読みなさい」とたどたどしい言葉で繰り返し言っていたのを思いだす。父とちゃんと会話をしたのはあれが最後だった。父が文学を好きだったことは、私がカミングアウトをした時に三島由紀夫の名前を出したことでも解っていた。

自分の将来を決める時期に、父は祖父によって自分の好きな道をあきらめさせられた。その後、母と出会い、家族というよくわからない集団を持つことになった。そんな、自分が目指したものとは正反対の、電気の道に進まざるをえなかったひとりの文学青年の気持ちを思うと、私は切なくやるせない思いを感じた。晩年になってからも、大人になった息子に対して、本を読むようにと言い聞かせる。それほどに、文学は父にとって大切なものだったのだ。

本当の意味での「家族」

さて、星男の経営が二年目を過ぎる頃、ソワレと少しずつ距離を置くようになった。お店のことだけでなく、私の恋愛感情における嫉妬心が大きくなっていったりもしたからだ。とにかく喧嘩が絶えなくなっていた。

一緒に暮らしていた家には元々ソワレが住んでいた。だから、私が出ていくことになった。ちょうどモデル時代からお世話になっている方から声がかかった。大阪に引っ越しをするので、彼の家を借りてくれる人を探しているのだという。その家は、なんと星男から徒歩五分のところにあった。

私はそこに住むことになった。別れによって気が落ち込んでいる時なのに、タイミングよく物事が進んでいった。ソワレとは「二度と会わないのではないか？」と思うほど関係性が壊れそうになっていた。しかし、ここでもヴィヴィアン佐藤さんがあいだに入ってくれたり、時間が経過するにつれ、少しずつふたりの関係も修復されていった。

星男の運営においてのつながりは、この間もいままでどおりしてきた。星男もふたりの関係を見守ってくれていたのだった。

私は、父に愛されたかった。そんな思いから、恋人に対して、私が父にしてもらいたかった部分を過剰に求めてしまう癖があった。自分をどこまでも許してくれる父的な存在が欲しい。そんな思いから、ひどいことをしたり言ったりして、相手を試したりしてしまう。それがダメなことだとは、頭ではわかっていた。それでも自分を止められなかった。

しかし、私のできなかったことを叶えるために相手がいるわけでは当然ない。相手には相手の人生があり、私には私の人生がある。私の歪んだ愛の暴走は、このあたりで終わりにしなければならない。誰かを猛烈に求めたとしても、歪んだ願いは叶わない。むしろ、叶わなくてよかったのだ。そして、結局ひとりになった。

私はソワレと別れた時、「ひとり」という宇宙にはじめて自分で覚悟を決めて足を踏み入れたような気がした。ステージやバーで感じたひとりという孤独な宇宙。しかし、そこは、他者に委ねた愛情から離れ、寄るべない心細さを感じながらも微かな光を感じる場所だった。そして、私はひとりでいることに少しずつ慣れて、まずは自分を愛することからはじめなければいけないと思うようになっていた。

すると、孤独と信じていた物事が、小さい頃から慣れ親しんでいた友だちのように、ずっと私を守ってくれていたように感じるのだった。そこはけっして怖くはなく、小さな頃にいつもいた、とても居心地のよい、安住の地のような場所だった。そして、満たされない私の思いは、私自身が面倒を見ていこう。

人と付き合うってなんだろう。その本当の答えは、未だに見つからない。いま私が思うのは、ひとりということの尊厳を大事にしたうえで、他人と向き合いたいということ。それは、一人ひとりが独立した個人であるということを認識し、尊重し合うことだ。ひとりの宇宙として存在することで、はじめて本当に人と分かち合えるものがあるのではないだろうか。それはけっして、ひとりぼっちで生きるというわけではない。それぞれがひとりということを意識して生き、自分にも相手にも尊厳があるということを思いながら生きていくことだ。

いまでは、ソワレとは仕事上でも日々の生活の中でも大切な関係になった。その前に一三年付き合ってから別れた彼も、家族のような付き合いになった。

従来の意味での「家族」を、私は作ることができなかった。しかし、「不思議な家族」といってもいいような関係がいつの間にか目前に広がっていた。

同級生と過去を語る

連絡を取り合っていなくても、突然昔の友人が私に会いに来てくれる。バーは、そんな場所でもあった。

小学、中学、高校と同級生たちが何人もお店に遊びに来てくれた。来るたびに、まるで玉手箱を開けるような気持ちになった。

ある夜も、中学の同級生がお店に来てくれた。中学時代の彼は、私の中で「男」社会そのものと思えたリーダー的存在だった。スポーツができて、喧嘩も強い。私はそんな彼が内心うらやましかった。

大人になった私たちは、対等に話ができるようになった。彼は、ずっと私のことを気にしていたという。そして、こう言った。

「櫻田、お前のことは、あの頃から特別な奴だと思ってたんだ」

それは、自分が男らしくなく、嫌われ者だと信じていた私にとって、驚きの発言だった。

男の世界が苦手で、仲間に入れない。男の友だちができないもどかしさ。男の世界に入れないのは、将来この社会を渡り歩く時の困難さを示している気がした。その頃は、自分がゲイだと気がついていなかった。そして、いつも集団でいる男の世界の彼らから威圧を感じていた。

中学に入ってからも、友だちは女の子ばかりだった。男女の区別なく、周りがそれぞれの集団を作っていく中で、私はどこにも入れなかった。ひとりで学校から帰るのが恥ずかしくて、こそこそとみんなに気づかれないように早く帰った。

家に帰れば、私以外は女しかいない。だから、自分が男であるにもかかわらず、男というものがどういう存在で、なにを考えてるのかがわからない。

地元の木更津は時代と土地柄もあってヤンキーだらけだった。いつの間にか私は、ヤンキーの女友だちの家に入り浸るようになっていた。彼女たちは、他者に干渉をしなかった。若さがもたらす行き場のない熱さを、日々、仲間と話すことによって解放しているように思えた。

些細な出来事や秋の空のように変わっていく感情を事細かに、時間を忘れて語り合った。彼女たちとの語らいは、私の寂しい思いを紛らわしてくれた。溜まり場となっている女友だちの家にはいつ行ってもよく、ほぼ毎日、まるで自分の家に帰るように通った。

その頃、私はタレントになるためのオーディションを受けていて、ひとりでよく東京に通っていた。同級生にも家族にも、そのことをあまり話さなかった。

私には、できるだけ早く自立したいという気持ちがあった。

高校に入ると、アルバイト三昧の日々になった。学校が終わってから、アルバイトに行くのが楽しかった。働いて、働いた分のお金が平等に入るのが嬉しかった。労働を通じて誰かに必要とされることに、なんとも言えない喜びを感じていた。

「俺もあのあと、いろいろあってさ、まぁ苦労して気がついたというか。とにかくお前は不思議でよくわからない存在だった。でも気になるっていうかさ」

いまも身体中から「男らしさ」をにじませながら、同級生の彼はそう言った。

「ありがとう。僕は、あの頃、君みたいに男らしくできないことにずっと悩んでたよ」

学校が終わってから、逃げるように走った帰り道。私は虚構の自分の世界を作った。それは嫌われ者ではなく、みんなに求められ、タレントとしてテレビの中で活躍している自分を想像することだった。実際の世界には本当の居場所がないように感じ、虚構の自分はいつもキラキラと輝いて、幸せそのものに見える笑顔を振りまいた。

モデルになった時、それまでいじめられるような部分が評価され、世界がひっくり返ったような気がした。そして、それが個性であり、人と違うからよいのだと、実感を伴って理解した。

私が一〇代の頃、ラジオ番組に出演した時の様子がYouTubeに上がっていた。久しぶりに、若かった頃の自分の声を聞いた。話し方がおぼつかなく、まだ一生懸命に男らしく振る舞おうとしている様子が伝わってきた。

そういえば、仕事をはじめてからもいつの頃かまで、私は男らしく話そうと気をつけていた。他人にどう見られるか。そればかりに気を取られた。そして、いつしか自分の言葉が出しづらくなっていた。

私が私に対して嘘をついていたならば、他の人にもそう映っただろう。

自分を隠す。それは、自分を拒絶することではないだろうか？　そしてそれは、他人や世界への拒絶にも繋がっていくのではないか。

「僕は、ずっと君みたいになりたかったよ」

私は、目の前に座る同級生の彼に、あの頃の本心を伝えながら、本当に私がなりたかったものはなんだったのかを考えていた。

私は、自分が作った虚構の世界の中で一生生きていこうと思っていた。それこそが私が幸せになる唯一のことだと信じて疑わなかった。そしてそれは、結局最後まで叶えることができなかった。しかし、それでよかったのだ。

私がなりたかったもの。それは、心の底から自分自身を肯定している、そんな自分ではなかったか。

同級生の彼も、私も、それぞれが個性を持つひとりの人間だ。

それぞれに悩んだり苦しんだりしながらも、年齢を重ねる中で、本来の自分に戻っていく。

私は、彼とお酒を飲みながら、中学の頃の私たちふたりと現在の私たちふたり。まるで四人でグラスを重ねつつ、語り合っているように感じた。

そして、大人になった私たちは、それぞれの過去の自分に他人と違ったとしても「大丈夫だよ」と優しく伝え合う。あの頃の自分が来た時に居心地よくいられる場所。自分が心から求めていた自由な場所。

それが星男だった。

初心

以下に紹介するのは、星男を開店する直前に、私がソワレに送ったメールとリアルタイムにInstagram に載せていた文章だ。どんな店にしたいのかという、私の初心が綴られているので紹介する。

〈メールのやりとり〉

宗久からソワレへ
2011-10-11 15:10:28

どんなバーにしようか考えていましたが、
一番に思ったのは、アートの展示ができる場所にしたいということでした。
自分も作品を作るので、これは大事にしたいポイントです。

ソワレ君は歌手だから、小さなライブができるといいのでは?
ということで、art & music bar にすることにしました。
お酒は大好きですが、カクテルはそんなに飲まないから、
焼酎、ワイン、ウイスキーの種類を多くしたい。
簡単な食事もできたらいいなぁ……など。
いままで、たくさん外で飲んでいたので、やろうと思うとすぐに、
こういう感じにしたいというのは出てくるもんですね……。
でも、一番は素敵な出会いがあるバーにしたいと思ってます。
僕もよく行ってたバーでお友だちがたくさんできたし。
あとは、リラックスできる場所だといいなぁ。
宗久

〈Instagram への投稿〉

お店の名前はどうしよう。
自分たちも含めて、このお店をかわいがってもらえたらというのと、子どももみたいに思えるかなというので、子どもの名前をつけるのはどうだろう。
そんなことを考えてたらふと、夢に「星男」という名前がでてきました。

「星男」。うむ。
漢字でお店の名前としては、ごっついかもだけど、
子どもの名前としては、かわいいいんじゃないか……。
子どものキャラクターも作ったらどうだろう。

僕は、思いつきはするが優柔不断なので、
しばらく迷っていたのですが、
ソワレ君は、ばさっと竹を割ったような性格。
「その名前いい！」
という訳で割とすぐ名前は決まりました。
こんなんばっかですね……。

この後、イラストレーターの宇野亞喜良さんにお店のキャラクターを描いてもらおうと直談判し、快くお引き受けいただいたのも嬉しい記憶となった。

内装の設計や工事は友人に頼み、ありがたくも予算を大幅におまけしてもらいながら、自分たちの好きな空間にすることができた。

いろいろな方に支えられて、星男は成り立っているのだ。

星男は、優しくて寛容な息子

星男では、本当にたくさんの出会いがあった。店のスタッフには、二〇代や三〇代の若い世代が増えている。私は実際の子どもを持つことはなかったが、お店をはじめる前、ソワレとどんな名前を付けるのかを考えている時に、ふたりでこんなことを話し合った。ふたりの子どものように、そしてみんなの子どものように、これから作るお店をかわいがってもらいたい。そんな思いから、人間の子どもにつける名前のように星男と名付けた。

あの時、私は本当に「星男」という子どもを産んだのかもしれない。

私は、アルコールが父の人生をダメにしてしまい、私たち家族を不幸にさせてしまったと、ずっと感じてきた。

しかし私たちの子どもである星男は、アルコールがある場所であったとしても、そこに幸せがあるということを教えてくれている。みんなをほっとさせ、幸せにしてくれる。

いつの間にか、そんな優しくて寛容な息子に、星男は育っていた。

VIII

宇宙船としての星男

星男は、まるで宇宙船のようだと感じることがある。

宇宙船のような店内にたくさんの方が乗り込んでくれる。そして、同じ場所にいるのに、時空を超えていろいろな宇宙を旅しているような感覚を抱く。この宇宙での物語は、お越しになるお客様や作家たちが毎夜紡ぎ出してくれる。

そして、スタッフは宇宙船のクルーだと言える。クルーがいてはじめて、宇宙船は様々な場所を旅することができる。さしずめクルーリーダーと言えるのかもしれない私は、上下関係がとても苦手だ。できるだけフランクに接してもらいたくて、「むねくん」と呼んでもらうことをスタッフには、お願いしている。

無断欠勤など、働くうえで当たり前のルールについては責任を持ってもらいたい。でも、星男で働く際に、私が大事にしてもらいたいのはただひとつ。自分の表現を大切にしてほしいということだ。自分の表現をしていないスタッフには、それを求めてしまう。自分の表現の中で見つけた自分の思いに、素直であってほしい。

さて、アートの展示をすること以外は、特にコンセプトを持たなかった。そして、はじめはなんとなく男性スタッフだけでやっていこうと決めていた。本来、スタッフのジェンダーやセクシャリティにこだわる必要はなかったが、二丁目のほかのお店を見て、そういうものだと安直に考えたのだった。

オープンしてしばらくすると、「男性スタッフだけ」という決まりはなくなっていった。バーで働くことは、けっして形式だけのものではない。星男というお店に関しては、個性あるひとりの人間が働いているということが重要だった。それは、バーという場所がお客様とお話をするのが一番の仕事で、お店のスタッフがどんな考えを持って、オリジナルな個性を持っているのかが大切なのだ。どんなに隠そうとしても会話のうえで必ずその人の人となりが出てしまう。あとのことは流れに任せていればいい。実際にお店に来てくれるお客様とのコミュニケーションを通じて、自然にそう理解するようになった。

そして、その人ならではの自由さを持っているのも大事だ。お客様は仕事をしながら抱えたいろいろなストレスを発散しに遊びに来てくれる。遊びの世界では自由な気分を味わいたいと思うのだ。

そんな気づきがあった頃、はじめてとなる女性スタッフが入ってくれた。画家のキッシーこと岸田尚さんで、一〇年くらい星男で働いてくれた。

キッシーが星男で働くことになったのは、バーをやっている友人にスタッフを探していると相談したところ、紹介されたのがきっかけだった。その時は、スタッフは男性だけという思い込みがまだあったので、すぐにお願いはしなかった。その後、キッシーはよく私のお店に寄るようになってくれた。その頃の私は、週に四~五日ほど星男のカウンターに入っていて、仕事に慣れつつも、疲れも出はじめていた時期だった。それでも、なんとか勢いだけでこなし、営業中に酔っ払ってしまうことも増えていた。

ある夜、お客様としてのキッシーと話しながら、お酒が進んだ私はいつの間にか立てないくらい酔っ払ってしまい、営業中なのにお店の小上がりで寝てしまった。たまたまそこに、バーの仕事の経験があるキッシーがいたのをいいことに、私は彼女にカウンターに入ってくれないかと頼み、洗い物などの仕事を任せるという暴挙に出た。そんなことが二度続いたのち、正式にスタッフになってほしいと彼女にお願いしたのだった。

スタッフの中では、一番と言っていいほど私と言い争いや口げんかをしてきたのがキッシーだった。しかし、お互いに少しずつ大人になったのか、一緒にいると安心できる仲間のような気持ちが生まれてきた。その後の星男がジェンダーやセクシャリティの枠を超えてお店を続けてこられたのは、キッシーの存在が大きかったと思う。

そんな彼女も、二〇二三年の二月をもって卒業することになった。最終日は、特にアナウンスはしなかったが卒業の噂が広まり、多くのお客様やスタッフが駆けつけてくれた。その光景は、彼女がお客様に対して愛を持って接した一〇年の結果で、みんなが寂しがりながら感謝を伝えていた。

そんな彼女に誇らしさを感じながら、私自身も心から感謝を伝えた。

開店してから現在まで、たくさんのスタッフたちが星男での旅を快適なものにしてくれ、数多くの嬉しい思い出を星男に残してくれた。これまでのスタッフたちはもちろんのこと、コロナ禍を乗り越え、続けてきてくれたいまのスタッフにも特別な思いがある。

ここからは、現在のスタッフを紹介したい。

イーガルさんと克輝さん ――我が良きスタッフたち―

月曜日を担当するのはイーガルさん。彼とはコロナ禍を経験して、一段と絆が深まったように感じている。エンターテインメントの世界で長く働いてきたからか、お客様を楽しませたいという思いがとても強い。

コロナ禍で世界中が不安になっている時も、自分の不安を吐露するのではなく、エンターテインメントの世界で精力的な活動をしていたのが印象的だった。私にもイーガルさんと同じようなところがあり、みんなが元気のない時こそ、自分ができることがあるような気がする。オンラインで私の楽曲制作をしてもらい、素敵な楽曲ができあがったのは嬉しい思い出だ。

イーガルさんは、へたをすると楽曲制作などで家に閉じこもりがちで、ライブでも実際にお客様と話すことが少ないという。だから、週に一度、星男に入ることが唯一、多くの人と触れ合える機会で嬉しい、と言ってくれている。一方、私や星男にとっても、毎週イーガルさんと触れ合えることは貴重なことだと、年を重ねるごとに感じている。

火曜日は、最近新しいスタッフが入ってくれた。石垣島出身の垣花克輝（かきのはなかつき）さんは、コンテンポラリーダンサーだ。コロナ禍の時に私が神保町画廊と「路地と人」というふたつのギャラリーで開催した写真展でモデルを務めてくれた。当時の私は鬱屈した思いを持っていたので、全身を自由に使って表現するダンサーの在り方に爽快さを覚えた。

ダンサーをモデルにして撮影をしたいと強く願っていた時、Instagramをたまたま見ていて見つけたダンサーが克輝さんだった。彼にInstagramのダイレクトメールでオファーをすると、快く了承してくれた。

写真展では、はじめての試みとなる映像にも挑戦して、ダンサーである彼の動きを捉えて作品にした。写真撮影は、三〜四回しただろうか。はじめは、私の家と地元である新宿御苑での撮影。そして友人に手伝ってもらい、熱海から少し先の伊豆の山へ行った。最後に都心から電車で一時間ほどの海岸にも行った。ふたりで電車に揺られ、海岸に着くと人はまばらだった。克輝さんには海に入ってもらい、躍る彼を私は撮影をした。

現実の社会では、はじめての出来事に世界中が翻弄されていた。すべての人がマスクをつけ続けなければいけない。街行く人々がまるで映画の中の登場人物のように見えた。人のいない静かな東京にいると、夢を見ているような気分になった。そんな世界を束の間であれ忘れるように、私たちは写真の夢の中にいた。自然と人間が自由に踊り、生の喜びの中でそこにいる。ありったけのエネルギーを、ただ楽しむだけに使う。その瞬間を撮り続けた。

私たちは、いつだって自分の夢の世界に入ることができる。その世界は、誰にも邪魔をされないパラダイスだ。そこにいればお金もかからなければ、いまの時間や場所も越えられる。私たちは、そんな世界をいつだって自分で生み出すことができるのだと感じた。

あれから三年経ち、星男の新しいスタッフとして克輝さんはカウンターにいる。はじめてのシフトとなった克輝さんは、緊張しながらも、ときおり楽しそうな笑顔を見せていた。星男でも、彼にしかできない自由な精神で世界を作ってくれるだろう。

二艘木さんと二郎さん、そしてアキラさん

——我が良きスタッフたち 2

第三火曜日は、美術家の二艘木洋行（にそうぎひろゆき）さんが入ってくれている。はじめて星男に来てくれたのは、真珠子さんの展示を観に来てくれた時だった。その頃、彼は下北沢のカフェで働いていた。週に一度の休みに、星男によく来てくれていたのを思い出す。

彼が星男で展示した際には、下北沢での仕事を休むことなく、在店できるようなスケジュールを組んでいた。それでも、週末の夜には盛り上がり、朝まで飲んで軽く寝たあと、朝から仕事をしていたようだった。

彼といると、作家としてどうあるかということの前に、社会人として真っ当に生きることを大事にしていることが伝わってくる。どの仕事にも真摯に取り組み、生活を大事にしたうえで作品と向き合っている。そんな彼の生活の中で生まれてくるアートは独創的でありながら、モチーフである人間という個の存在が凛とした強さを持って浮かび上がってくる。

星男では、二〇一七年から外側の壁面にグラフィティー・アート（壁画）を、何人かのアーティストに描いてもらっている。だいたい一年に一度、新しい壁画にリニューア

ルしている。二艘木さんが手がけたのは、二〇二一年と二〇二二年のこと。

私は、緊急事態宣言が続く都内で、街を歩く人たちに少しでも新鮮な彩りを体感してもらいたいと思い、壁画制作をお願いした。二艘木さんの描く人間は、二丁目とマッチしている。それは自由でありながら、自分というものをしっかりと持ち、遊び心があるように感じるからだ。

星男では日中にランチもやっている。現在は、四代目となる「スパイスハット」の二郎さんだ。火曜日から土曜日までのあいだ、スパイスカレーを提供してくれている。私がモデルだった時代に、当時大人気だった原宿のセレクトショップで働いていた二郎さんと、私のモデル仲間の津野貴生(たかお)さんが知りあいだった縁で、ランチを担当してもらうことになった。

九〇年代という同じ時代を生きた二郎さんと、いま一緒にお仕事ができることが嬉しい。最近では、九〇年代に私がお世話になっていたブランド「OVER THE STRiPES」と星男のコラボレーションでTシャツを販売する際のコーディネートをしてもらったり、当時の空気感を復活させるプロジェクトも一緒に進めている。

日曜日のランチは「デリ山アカ」。和洋折衷のおかずが盛りだくさんのランチプレートを二〇二三年から提供している。料理を担当しているのは、星男の開店当時にランチを担当してくれていたアキラさんだ。アキラさんとは、開店してからの星男を一緒にやってきた絆がある。

アキラさんは、第五火曜日のバータイムも担当してくれている。

チャンスさんとゆうきさん――我が良きスタッフたち 3

木曜日は、チャンスさんの担当だ。もともと彼は星男のお客様で、お店によく遊びに来てくれていた。アートが好きな彼は、ギャラリーの仕事をしていた。そのうち彼から「星男で働きたい」というお話があった。星男では、私から声をかけて、スタッフとなってもらうのがほとんどだ。たまに面接を受けたいという話もあるが、お断りしていた。小さなお店の雰囲気をていねいに作り上げるためには、少しずつその人を知っていったうえで、スタッフとしてお願いするというかたちが一番しっくりきていたからだ。

とはいえ、チャンスさんと話しているうちに、彼がどれだけアートが好きなのかが伝わってきたので、スタッフとしてお願いさせてもらった。一緒に仕事をする中で、表現についてしっかり話す機会がスタッフの中でもっとも多かったのが、チャンスさんだった。

金曜日は、にしのゆうきさんが私と一緒に入ってくれている。二〇代前半と若く、様々なことを吸収をしていく姿が眩しい。これからどんどん活躍していくことだろう。

ゆうきさんは、二丁目をぶらぶらしている時に、星男の前にいたこのよのはるに似顔絵を描いてもらい、ふたりに勧められてお店の中に入ってくれた。そして、彼の作品を見せてもらった。写真を勉強するために新潟から上京し、大学に入ったという。

私が体験したことがない雪国の、冬の真っ白な幻想的な世界で、彼の同級生であろう高校生たちが、まるで幻影のように写っている写真に目が止まった。いろいろな世界があり、それぞれの場所の美しさの中で人間もまた美しく凛として生きている。

その写真に心を奪われながら話を聞いているうちに、ゆうきさんが置かれた状況と彼らの世代について考えさせられた。新潟から上京し、楽しみにしていた大学生活だったところがコロナ禍でオンラインになり、同級生にも会えず、友だちができずにいること。久しぶりに帰った実家では、部屋と部屋のあいだにビニールシートが貼られている光景を目の当たりにした。

いろいろな経験をすべき若い世代が、自由にできない状況を私は憂いた。そして、ジェンダーに関しても迷っていることがあると、ゆうきさんは話してくれた。そんな中、勇気を出して二丁目に来たことに敬意を表して、私ができることはなにかしたいと思った。

まず私は、自分の作品に出てもらうことをお願いした。衣装として興味はあるが、一人で買うのは恥ずかしいとゆうきさんが言っていたレディースの洋服を一緒に買いにいった。はじめの一歩を踏み出して、やってみたかったことができた喜びを素直に表現するゆうきさんに、二丁目に通いはじめた頃の自分を重ね合わせた。

その時の思いを、ゆうきさんは写真作品と文章にしていて、その作品が大学の展覧会で入選したと教えてくれた。星男でスタッフとしてお願いするようになり数年が経った。いまでは、当時の所在ない存在感が嘘のように、自信に満ちている。写真でも星男でも活躍を見せている。ジェンダーにおいては、ノンバイナリーであることを自認して、発信をしはじめている。

ニッカさん——我が良きスタッフたち 4

土曜日は、ニッカさんこと植村二千果（にちか）さんと私が入っている。ニッカさんと出会ったのは、清水くるみさんが担当の日に私がお店にいた時だった。友だちと来ていたニッカさんは、カウンターに入っている私たちと積極的に話をしていたのが印象的だった。

その頃のニッカさんは恋愛で悩んでいたのだが、はじめて会った私にも心を開いて悩みを打ち明けてくれて、好感を持った。自身がトランスジェンダーであるということも、屈託なく話してくれた。カミングアウトに関しては、当事者それぞれの考えがある。私が特に気を遣っているのは、本人ではなく周りの人が勝手にしてしまうことだ。

カミングアウトに関して、ニッカさんは誰にでも聞かれたら答えるというスタンスだった。彼は、私の出演した「フレンチドレッシング」を監督した斎藤久志さんが教えていた大学に通っていた。ドキュメンタリーを専攻しており、いずれ自分のことを撮りたいと言っていた。

星男のカウンターに入るようになってから数年経った頃、その夢が叶った。大学の卒業制作で、映画の監督をすることが決まったのだ。自身がトランスジェンダーであることや、星男でのことを盛り込んだ作品を撮影することになったという。

上映は大きな映画館でおこなわれた。できあがりを見ると、東京に出て二丁目で出会った仲間や、星男や私がどれだけ彼に影響を与えていたかを、考えさせられる内容だった。中でも、彼が両親にカミングアウトするシーンは、ドキュメンタリーならではの凄みを感じるものだった。当たり前だが、彼にしか撮れないもので、感銘を受けた。

誰しもの人生が映画以上であり、現実の台詞は想像を超えている。そして、ニッカさんの真摯で素直な心の在り方が胸に響く作品だった。

くるみさん——我が良きスタッフたち 5

日曜日は、清水くるみさんの担当だ。現在は、坊主ストリッパーという肩書きで幅広い活動をしている彼女だが、はじめて星男に来てくれたのは、美術大学の学生だった頃だった。

二〇一九年、彼女の坊主ストリッパーとしての活動が三周年を迎えた際、記念で刊行された冊子に私は以下の文章を寄稿した。

その文章を紹介したい。

坊主ストリッパーは一日にして成らず──清水くるみ活動三周年に寄せて　櫻田宗久

清水くるみとはじめて会ったとき、彼女は美大生でした。私がやっている星男に遊びに来てくれたのは、くるみちゃんの大学で教授のアシスタントをやっているトースティーの展示中にあった、イベント「女装オリンピック」のときでしたね。

ヴィヴィアン佐藤さんも来てくれて、官能小説をセクシーに読んだり、星男の外で全力で走ったり、なんだかよい意味で変なイベントでしたが、くるみちゃんはその状況を楽しんでくれる優しい印象がありました。それだけでなく、実際に話すといまに通じる個性のかけらみたいなものを感じてました。独特な自分というのはあるんだけど、まだそれをどう消化していいのか解らないように見えた気がする。

それから星男にたまに来てくれて、来るたびにそのとき吸収していた事柄を熱く話してくれた。好きになった人のことだったり、緊縛に興味を持ったことだったり。たまに暴走してるように見えて、「大丈夫か？」となんとなく心配しちゃう感じもあった。でも、ひとりのお客様として距離を持って見てたんだよね。

あるとき、くるみちゃんが星男にフライヤーを持って現れた。イベントを開催する少し前に坊主になって、やっぱり坊主で生きていきたいという気持ちを話してくれた。それが活動の最初だったんだね。

その少し前に会ったくるみちゃんは、仕事のことで悩んでる感じだった。そのときの服装がごく普通な感じに見えて、そっちのほうが気になってた私だった。星男に現れたくるみちゃんは、彼女の中で眠ってた、自分らしく生きたいという気持ちが爆発したのを私はうれしく思って、心の中で健闘を祈ったのを覚えてる。

自分らしく生きるってとっても簡単な言い方だけど、実際やってみないとこの感じってわからない。私は二〇歳のときにゲイということをカミングアウトして、そのときにいままでの胸のつかえが取れ、それからは本当に人生が楽になった。

はじめの一歩が一番たいへんだってことを私は知っている。

もちろん、それからの人生は雲をも摑む感じでもあったけど、前例があまりないことだったり、ほかにあまりいない人生なのだからしょうがない。でも、一度それを決意して自分の人生を生きることを選ぶと、同じようにたいへんな思いを時にはしながら、自分の人生を生きてきた先輩たちが「ようこそ！」と手を振っていることにはじめて気がつく。

誰一人同じではないが、それぞれが自分の人生を生きていることを仲間は不思議とわかる。そんな仲間ができたことがうれしくて、それからしばらく経ったときに、くるみちゃんに星男に入ってもらうことをお願いしました。

星男に入ってからも、この数年でどんどん磨きがかかっており、ますますオリジナルな人生を生きているくるみちゃん。よく考えたら、はじめに会ったイベントで自分の人生を生きている仲間が集まっていたことに気がつきました。それはいまのくるみちゃんを象徴してましたね。

三周年おめでとう。人生はこれからもお互いに続き、オリジナルな人生は厳しいこともあるでしょう。けれど、オリジナルな人生の仲間たちが身近にいて切磋琢磨してるから、なにかあっても安心して。なんにでも体と心を精一杯使って物事に対峙しているあなたを、私は尊敬しているよ。

最後に、私はくるみちゃんの文章が凄く好き。いつか文筆家としても花開いてる未来が見えるんだけど、どうかしら。

現在では、くるみさんはさらに磨きがかかって、より独自な彼女の魅力が広がっている。

彼女もまた、清水くるみという独自な宇宙を輝かせている。

中岡さんと反田さん——我が良きスタッフたち 6

金曜日と土曜日は、朝までの営業となる。私も入っているが、一緒に入ってくれるスタッフががんばってくれているから、営業が成り立っているのが正直なところだ。

現在は星男を卒業したものの、以前は週末に入ってもらっていたふたりのスタッフがいた。中岡さんと反田さん。ふたりとも、ヘテロセクシャルの男性だ。スタッフのセクシャリティは、もちろん自由だ。とはいえ、二丁目という場所柄も考えて、ヘテロセクシャルのスタッフに対して、お客様に自身のセクシャリティを早急に言わないほうがよいという考えを以前の私は持っていた。

これには理由があった。ある素敵な男性が働いているバーに私が行ったものの、その彼はいなかった。ほかのスタッフがお店にいて、そのまま飲んだことがあった。しばらくすると、スタッフが彼のプライバシーに関することを話しはじめた。私はそのスタッフの言葉に辟易とした。私は、彼に対して好意はあったが、恋愛的な感情があったわけではなかった。ただ素敵だと思う男性と数時間飲むのが楽しい。その程度の気持ちを持っていただけだったが、本人以外からプライベートな話を聞かされることへの違和感があり、そのお店に行きづらくなってしまった。

そんな体験から、パーソナリティーに触れるような話は、本人から直接、少しずつ聞くのがコミュニケーションの醍醐味だと感じるようになった。周りから答えを先に聞いてしまっては、この楽しみがなくなる。そして、セクシャリティが変化することもあると思うのだ。

以降、お客様に対しては、特にセクシャリティや恋人の話などのプライベートな話題は、少しずつ自然に自分を出していくのがよいという考えを、スタッフには理解してもらっていた。このことは、お店のスタッフがお客様のパーソナリティーを少しずつ知っていく喜びにもつながる。

はじめは話しづらいと思っていたお客様と少しずつ日を重ねていくうちに、いつの間にかかけがえのない存在となることがある。そんな経験は、バーでの仕事においてすばらしいもののひとつだ。

いまでは、どんなジェンダーやセクシャリティでも自分が言いたい時に言うのがよいという考えに変化していった。仕事のうえでどうこうというよりも、それぞれのスタッフやお客様のパーソナリティーが大事に思えるようになったからだ。

それぞれの自主性に任せるのが、お互いに心地よいかたちだと感じている。

中岡さんがはじめて星男に来てくれた時、当時の彼女と一緒だった。私は、彼と話していくうちに、その一途な在り方を素敵だと感じるようになった。体育大学の学生らしく、がっちりとした筋肉を持った体格ながら、肌が雪のように白く、ファッションは独特なセンスでお洒落だった。

性格は優しくてホスピタリティーがあった。どのお客様に対しても、分け隔てなく話をするところがバーの仕事でも活かされるはずだと思い、何回か星男に来てくれた時に、働いてもらうことを頼んだ。私は、中岡さんが働いてくれるまで、なにをするのにせよ人に委ねることが苦手で、なんでも自分でやってしまう癖があった。人にものを頼むことを悪いことだと思ってしまい、負担をかけさせないようにして、結局は自分が疲れてしまうという悪循環があった。

中岡さんと一緒に働いているうちに、彼のホスピタリティーある性格に少しずつ甘えられるようになった。彼のおかげで、私は他人に委ねるということがはじめてできるようになったと感じている。

反田さんは、星男で展示をしていた作家のファンとして星男に来てくれるようになった。話をすると、マニアックで自分の好きなものがはっきりしている点がおもしろいと思った。役者を志していて、はじめに会った頃、彼の芸名をつけようと盛り上がり、私が付けさせてもらった。

芸名は反田友。ソッタユーと読む。

子犬のようなかわいいルックスと、脂肪がまるで見当たらない細い身体が、私の撮影したい男性像とピッタリはまり、モデルもお願いするようになった。中性的なルックスに対して、本人はいたって男っぽいキャラクターだった。

彼との撮影の中で、若い頃の私自身を投影をしてしまうことがあり、思わず泣いてしまったことがあった。それは、彼が裸で骸骨を抱いて寝ているショットだった。私は、死の恐怖や死に付随したイメージと常に抱き合って生きていたことが明らかになったような感慨を抱き、泣いてしまったのだった。

中岡さんは、星男の常連であり、私の友人でもある方と結婚した。仕事では、マッサージの世界に入り、その会社で全国一位となるほどの実力者になっている。

反田さんは、二〇二三年に星男を卒業した。考えるところがあって役者は辞めてしまったが、社会人として就職し、新天地で新たな道に進みはじめた。

真面目でしっかりとした仕事をするふたりだ。これからの道も、彼らしくたくさんの人と助け合いながら、やっていくことだろう。

最近の水曜日は私が一人で入るようになった。

久しぶりに一人で入る星男は、より肩の力を抜いていられるようになった。ほとんど自分の家にいるような感覚だ。

星男のような小さなお店の場合、店主のお家に遊びにくるような気軽な気持ちで、お客様には星男という空間でくつろいでいってほしい。そして、カウンターの中にいるスタッフも、くつろぎながらそこにいてくれたら嬉しい。

誰の作品を展示するか——展示を振り返る Ⅰ

ここからは、星男での展示を振り返ってみたい。

二〇一一年一一月にオープンした星男。お店の中での展示は、ヴィヴィアン佐藤さんからはじまり、二〇二三年七月の増田賢一さんと真珠子さんの展示をもって総数は二一一回となった。

まず、ヴィヴィアン佐藤さんの展示では「オ〜ラの似顔絵展」と題して、その場でお客さまの似顔絵を描き、お店に展示をしていくというものだった。この展示によって、お客様が実際にアートやアーティストと触れ合えるかたちを見出すことができた。

私は、自分も作家として活動している経験から、アーティストが実験できる、言い換えれば制作工程を見せられるような展示ができる場所にしたいと思っていた。

一般のギャラリーでの展示は、作家の勝負どころでもあるが、年に一回、長くなると数年に一回となることが多い。だから、展示をしていない時でも、作家は作品と向き合いながら制作をしているという過程を、肩の力を抜いて実験的に示すことができる場所があったらいいと思ったのだ。そして、実際に観に来ていただいたお客さまと作家が触れ合いながら、作品を通じて話ができる空間が自分でもほしかった。

バーにおける展示ならではのかたち。ヴィヴィアン佐藤さんの展示でその気づきを得て、実際にそれを続けてみた結果、お客様にとっても、作家と実際にお話ができる場所があることで、アートを身近に感じられるのではないか、という結論にいたった。

星男での展示は、元から知りあいだった作家や、彼らの友人である作家、星男で出会った作家たちに私から声をかけて進めた。ある時期からは、「星男で展示をさせてもらいたい」という声も多くいただくようになった。そんな中で私が大事にしていることは、作品の好き嫌いで展示の可否を判断しない、ということだ。

その方針は、私が作家だということが大きく関係している。作家がほかの作家の作品を評価するのは、失礼だという思いが私にはある。それよりも、その方が星男という場所が好きであること。そして、作品そのものよりもその人となりに私が興味を持ち、魅力を感じる人。そういった方々に展示をお願いするのがほとんどだ。

こうした私の考え方は、ある意味ではアートの捉え方の問題になるのかもしれない。

私がギャラリストの石原さんに言われた一言が強く残っていると感じる（八五頁参照）。私は石原さんに、私個人としての魅力に作品が追いついていないと言われ、その言葉を反芻する日々を繰り返した。そんな中で、逆説的に、作家自身もまずどう生きるかということが重要な表現であり、ある意味で人生そのものが作品だと言えるのではないか、と考えるようになった。

私の場合、作品を作ろうと頭で考えすぎていたことが、石原さんに指摘を受けたことの大きなポイントだった。人が作る作品は、その人そのものと乖離するものではないと思う。実際に、作家とお話をして、考え方が独自でおもしろいと感じる作家は、作品もその独自性を放っている。そして、作品を作るということは人生そのものでもあり、それは長い道のりをかけて作り上げていくものだと感じるようになった。焦ることなく、生活と同じように淡々と続けていけることが大事なのではないだろうか。

このような経緯があって、作家との関係性については、作品以上に人として独自な在り方を感じ、お互いにシンパシーを抱き合いながら長いお付き合いができたら嬉しいと思っている。

新しい交流のはじまり――展示を振り返る 2

星男ではじめての展示をおこなう人も多い。

二〇一二年のfoxy illustrationsによる展示も、東京でははじめての個展だった。いまはイラストレーターとして活躍している彼とはじめてお話をしたのは、親交のあるギャランティーク和恵さんがやっているゴールデン街のバー「夜間飛行」だった。

彼は当時、週に一度、その店のカウンターに入っていて、まずその人となりに好感を持った。描いている絵を見せてもらうと、男性である彼が女性優位な世界を描いていた。描かれる女性たちが心から自由を謳歌して楽しんでいるように見えた。そして、彼の本名に「星」がついていることでさらにご縁を感じ、星男での展示をお願いすることになった。

二〇一二年には、いまでも仲がよく、お世話になっている写真家のご夫婦の小宮山裕介さんとわだりかさん、トースティーさん、石丸運人（かずと）さん、海老原靖さんの展示を開催している。

自分が作品を作るということを長く続けていると、作家を長く続けるということ自体が稀少なことだと感じることがある。だから、同じように作品作りを続けている作家には、作るものが違えど、同志のような思いがある。

もちろん、続けていくかどうかは作家の自由だが、続けていくことで見えてくることも多い。そして、アーティストの人生の中で「表現をやめる」ことは、本質的にはないとも思うのだ。

海老原靖さんとの出会いは、思い出深い。出会った頃から、東京藝術大学出身でコマーシャルギャラリーでの展示をしていた海老原さんだったが、星男が開店した頃にFacebookのメッセンジャーからメールをもらった。その内容は、私がモデルをやっていた頃から知っていて、友だちになってほしいというものだった。彼は、星男がオープンするまでの道のりを書いた私のブログを読んでくれていた。そして、なにかおもしろそうな予感を持ったようで、星男と関わりたいと言ってくれた。

オープンしてすぐ、彼はお店に来てくれた。その時に彼がゲイであり、グラフィックデザイナーをやっているパートナーと一緒に、星男で展示をしたいと申し出てくれた。海老原さんとパートナーの杉原さんは私と同世代だった。同じ時代を、ゲイとしてもアーティストとしても生きてきた同士だったので、一気に仲が深まった。

私は、ファインアートの世界で活動している方からのメッセージに驚きながら、素直に嬉しかった。その時のインスピレーションから素直に行動する彼の在り方は、いまになっても変わることはない。いつでも真摯に、その時感じた思いを彼は伝えてくれる。

海老原さんは、月に一度、星男で働いてくれるようになり、その後は一〇年間スタッフとしてお世話になった。素直で明るいキャラクターは、多くのお客様に愛されていた。星男を卒業したいまでも、心から信頼できる友人だ。

私は、これまで自分自身を内側に閉じて、生きてきたように思う。だから、新しい友人と出会ったり交流を持つということが極端に少なかった。星男をはじめたことで、様々な人から声をかけてもらえるようになった。海老原さんとの出会いは、新しい交流がはじまるという意味で、このあとの私の人生を予感させるような出来事だった。

能町みね子さんの夜——展示を振り返る 3

二〇一三年には、能町(のうまち)みね子さんが展示をしてくれた。

彼女とは、星男がはじまる前に友人の紹介で知り合った。お話をすると、独自の洞察と好きなものに対して深く関わっていく在り方が印象的だった。ここでは、能町さんの展示の際に書いた私のブログを抜粋してみよう。

能町みね子展記（二〇一三年二月一二日の「Numeroブログ」より）

一月の星男の展示は、能町みね子さんによる「蔵出しショー」でした。

いままでみね子さんが描いてきた原画をそのまま星男中にはりめぐらせたのですが、持ってきていただいた原画はその数十倍あり、すべて展示するのはむずかしく、カラーの原稿を中心にした展示となりました。

それでも所狭しとはりめぐらせて、トイレの中にまで原画が……！

めんどくさがりと自称するみね子さんだが、一枚の原画の情報量と細やかな描写（もしかしたら米粒に絵を描けるのではないか……）を見ると、めんどくさがりは謙遜なのかもしれないと思いました。それくらいの内容の濃い一枚一枚が堪能できる展示でした。


みね子さんとの出会いは、数年前、友人と行ったライブで、その友人から紹介をうけたのが最初でした。それからも、その友人がやっていたお店でごはんを食べたり、みね子さんのヌードを撮らせてもらおうというお話もあったのでした。結局、ヌードを撮ることはありませんでしたが、いつか機会があれば撮らせてもらえたらいいなぁ。

その後、一緒にライブに出演させてもらったり、僕のライブにも来てくれたなぁ。ゴールデン街での僕の展示にも来てくれました。みね子さんの誕生日にご一緒させてもらったこともあったなぁ。

去年は、みね子さんが永年住まわれていた「和子荘」を出られるというので、「和子荘、お別れパーティー」にも行かせてもらいました。和子荘は本当に素敵な建物で、みね子さんがとても愛してこられた場所です。

和子荘については、みね子さんの著書『お家賃ですけど』にくわしく書かれているので是非読んでみてください。優しい視点とせつなさがあって、泣けてきました。感情に溺れず、クールさの中に優しく包んでいくようなあたたかさがあって、この本の内容は実際のみね子さんにも近いなぁと思うんです。

今回の展示で、大阪からわざわざ来られていた方が混雑していて入れなかったのですが、僕もものすごい忙しさでケアができず、「しばらくしたら、もう一度来てみてください」としか言えなかったんです。結局、その方たちが来られなかったので、みね子さんがそれをとっても気にして、空いた時点で連絡してあげたらよかったなぁと落ち込んでいました。みね子さんは、来ていただいたすべての方にそういう気持ちでいて、とっても優しい。

ここ何年か、思い出してみるといろいろな場面でみね子さんと一緒にいることができました。そして、こうやって新しいみね子像を感じたりできた今回は、とても嬉しかったです。

そうだ、雪の日に突然来てくれたこともありましたね。寒いのが苦手な僕は、雪の日にあまり外に出たくないので、みんなもそうだろうと思ってお店で紅茶を飲んだり、読書をしたり。ちょっと外に出て雪だるまを作ったり。自分のお家にいる感覚で楽しんでおりました。

そんな時にみね子さんが現れて、とってもびっくりしました。どうやら、みね子さん、冬や雪、東北地方がものすごく好きな様子。今度出る本も、北へ逃げるという意味で「逃北」というもの。だからあの日、みね子さんはウキウキしていたんだなぁ、と改めて知った僕でありました。


能町さんと話すと、物事に対して新しい見方ができるような気になってくる。ライブではじめて会ってからは、不思議と他の友人とも繋がっていった。あとになってわかったことだったが、私が一〇代の時に通っていた美容室も一緒だった。ほかの方にもいえるが、ご縁がある方は、不思議なことに時代を超えて繋がっていく。

星男で展示した頃の彼女は、ラジオのパーソナリティーの仕事がはじまり、そのラジオでも視点が独特の企画や話がおもしろい。展示中に彼女が在廊すると告知したところ、店内がラジオのリスナーたちでいっぱいになった。いまでも、その頃に来てくれたハガキ職人のお客様には来ていただいている。

星男では二回、能町さんには展示をしてもらった。いまでも、たまに顔を出してくれる能町さんだが、書籍化された『結婚の奴』がウェブで連載されていた頃のエピソードがなつかしい。ゲイの方との結婚という連載のテーマが興味深く、彼女に連載のタイトルを聞く際に、勢い余って「あの、結婚のやつ、いつ本になる?」と聞いてしまった（連載のタイトルは「結婚の奴」ではなかった）。結婚に実感がなさすぎた私は、ついそう言ってしまったのだろう。その大雑把な私のニュアンスを能町さんは気に入ってくれたようで、「結婚の奴」を本のタイトルにしたとあとで教えてくれた。

この本の中には、後半に星男と私が出てくるシーンがある。それは、いまでも強烈に思い出す夜の出来事だった。内容は、能町さんの本を読んでもらいたいが、その夜の彼女は、怒り、泣いた。そして、やっと言いたかったことを語りはじめた。いまでもその箇所を読むと、なんともいえない切ない思いがこみ上げてくる。

その夜、慣れなさそうにタバコを吸う能町さんに私は驚きながら、朝まで語り明かした。能町さんは、あの出来事があってから結婚を考えはじめたようだった。私にとっては、星男が誰かにとっていつでも安心して駆け込める場所でありたいと改めて感じた夜だった。

内田春菊さん、真珠子さんと増田さん、岸田さん、そして櫻田哲也さん

——展示を振り返る　4

お世話になっていた内田春菊さんの展示は、二回お願いしている。一回目は二〇一三年で、私が元スタッフだったことから、内田さんの家にある数多くの原稿から、私が独

断で選ばせてもらった原画を展示させてもらった。

内田さんは、いまでは漫画原稿のほとんどをデジタルで作画されている。だが、この展示は、ケント紙にGペンで描かれた漫画の生原稿を展示するというもの。当時のエネルギーを感じられる、とても貴重な展示だった。

内田さんの事務所でお手伝いをさせてもらった一〇年があって、やっと社会でスムーズに生きられるようになったと私は思っている。敬語もよくわからないような、タレントを辞めたばかりの二〇代前半の私が、いま、あらゆる人たちと普通にコミュニケーションを取れるのは、間違いなく内田さんのお陰だ。時折、内田さんに注意をされたり、うしろ姿を見て学ばせてもらった。

長くスタッフとして活躍してくれた岸田尚さんの展示も、二〇一三年からはじまっている。そして、その年から真珠子さんとその夫である写真家の増田賢一さんの夫婦展がはじまり、その後は毎年恒例の展示となっている。夫婦ふたりとも作家なので、「毎年ふたりで展示をしたらどうでしょう？」と私は軽い気持ちで提案したことを思いだす。

私のふとした思いつきからはじまったふたりの展示だったが、毎年おこなうことにはしんどさもあったと思う。とはいえ、いろいろなことを乗り越えて、継続して展示をしてくれたことは私にとって、とてもありがたく感じている。また、ふたりはパートナーシップの在り方について視野を広げてくれた。

さらに同じ年には、櫻田哲也さんに展示をお願いした。だが、展示の数年後、彼は病に臥された。はじめて会った時、同じ苗字ということもあり、また私がその時に撮っていたテーマと同じようなことを彼も考えていて、意気投合した。

　当時の私は、撮った写真をデジタル手法で何度も加工をしていた。そして、加工が極まるとすべてが線と点になっていくことに着目した。作品を見ても、すべてが線や点になり、なにが映っているのかわからない。そんな抽象的な作品だった。物にあらかじめついている意味から脱して、あらゆることが同等である世界を表したかったのが、その作品を作った理由だった。

　哲也さんも同じく、物の意味から脱して、色や線、点をひたすら描いている作家だった。この時の展示は、ミュージシャンの彼がはじめて絵を展示をするというものだった。彼は、展示ができたことをとても喜んで、展示が終わると私に一点の絵をプレゼントしてくれた。

　しばらくして、「体を壊した」と彼は言った。それでも星男に来て、強い酒を煽っていたから心配していた。最後に会った時に彼は、体に強烈な痛みを訴えていた。その夜、彼が帰ったあと、私はなにか胸騒ぎがして彼をうしろから追うと、そこには道ばたに倒れる瞬間の彼がいた。

　私は驚いて、走って駆け寄り、彼を抱きかかえた。すると彼は「宗さーん、宗さーん」と言いながら、子どもに戻ったように泣いた。しばらく、「よしよし」と彼をなだめながら介抱していると、急に立ち上がって「宗さん、ありがとうございます。もう大丈夫です。さよなら」と言って帰ってしまった。それが彼と会った最後の場面となった。

彼の作品を見ると、いまでも屈託ない彼の笑顔と、たまに甘えるような言動をとる姿がありありと浮かんでくる。いろいろなことに好奇心を持って世界を楽しみ、その経験を子どものように、素直に私に話してくれた。心からご冥福をお祈りする。

ひさつねあゆみさん、七菜乃さん、そして増田ぴろよさん

——展示を振り返る 5

ひさつねあゆみさんは、展示をきっかけに星男のスタッフになり、星男を大いに盛り上げてくれた。増田ぴろよさんと七菜乃(ななの)さんは、現在でも星男で展示をしてくれている。七菜乃さんは、はじめはモデルとしての参加だった。現在は、モデルをしながらも写真家としての活躍を見せている。星男で写真家としての展示がはじまったのは二〇一六年から。彼女の作品は、自らも含めた女体をモチーフにしたヌード作品だ。

九〇年代から活動をしてきた私にとって、女性のヌード表現というものが、自らモデルが進んでおこなうイメージを持てなかった。他者にさせられるというような、ネガ

ティブな印象を持っていたのが正直な気持ちだった。

七菜乃さんと話すことによって、そうした間違ったイメージで女性のヌード表現を捉えていたことに気がついた。彼女の表現は、他者の欲望のために裸になるのではない。女性の身体の美しさを、女性の身体を持つ自らが敬い、その美を讃えるようなものだった。自分の身体は自分のもの。そして、その身体を表現することによって、その美しさの祝祭を自らがあげる。そんな行為のように感じるようになった。

「ヌードは着衣のひとつ」。これは彼女の有名な言葉だ。女性の裸に美しいドレス以上の魅力を見いだす。だから、隠すこと自体、よくわからないと彼女はニュートラルに言う。そんな彼女に尊敬の念が湧いていった。

七菜乃さんが星男で写真家としての展示をする少し前に、親交があったいまはない渋谷のギャラリー「アッコ・バルー」のオーナーのアッコさんが、たまたま星男に来てくれた。七菜乃さんとその活動を彼女に紹介したところ、思いに共感してアッコ・バルーでの展示が決まった。

ヌードモデルである七菜乃さんは、とてもストイックに理想の身体作りをしている。その在り方や、女性のヌードに対しての偏見を覆した考えから、女性のファンも多い。アッコ・バルーでの展示で、女性の希望者に彼女がヌード撮影をするという企画があった。女性たちがとても楽しそうに彼女の撮影を体験し、できあがった写真の美しさをみんなで喜んでいた。その姿を見て、私は感動した。

　そのことが頭に残り、星男で開催した彼女の写真家としてはじめての展示の打ち合わせで、ＳＮＳでモデルを数多く募集し、集団の写真を撮るのはどうかと、私は七菜乃さんに提案した。すると、彼女はそれをおもしろがってくれて、実際にアクションを起こし、作品を作り上げた。そして、そのコンセプトはシリーズ化した。

　七菜乃さんとモデルの方たちとの距離はとても近い。彼女が出演してくれるモデルたちをとても大切にしているからだ。展示のオープニングでは、まるで同窓会のようにモデルたちが集まってきて、和やかに話しているのが印象的だ。

　私は、その平和な光景を見るたびに、なんて優しい世界なんだろうと思う。モデルたちが七菜乃さん自身や作品をリスペクトしていて、かつ自ら楽しんでいるのが伝わってくる。たまたま私はアイデアを言う機会をもらったが、そのアイデアを活かし、すばらしい作品へ仕上げるのは作家の力でしかない。

　七菜乃さんを見ていて、私が足りなかったところをよく感じることがある。それは、フラットに人の意見も取り入れながらも、決めるのは自分だという潔さだ。

　増田ぴろよさんは、男性器をモチーフに作品を作る作家だ。男性社会に対する憎しみを表した作品作りのように思え、はじめ私は共感を持った。父親の暴力や不在に対して、痛みを持っていた私自身の過去と重なっているように感じたからだ。

最近は、その土地に住むたくさんの参加者と共に、各地で布を集めて百徳着物を作っている。百徳着物とは、子どもの健やかな成長を願い、百軒の家庭から着物の端切れをもらって、百の徳を得られるように縫い合わせたもの。星男でも「新宿の百徳」としてワークショップ型の展示を開催した。この企画では、私もはじめて彼女の作品で写真を担当させてもらい、七菜乃さんをモデルに撮影をした。

増田ぴろよさんの作品は、自分一人で抱えるものではなくなり、他者と連帯して作り上げる作品へと変化していた。それは、まるで祈りの行為のようにも思え、次の世代への慈しみをも感じる。そして、いまの私の思いとも重なっているように感じている。

――展示を振り返る 6

Ｔａｑさん、宇野亞喜良さん、
ドキドキクラブさん、アイハラミホ。さん、
Sulley さん、山口公一さん、ゆっきゅんさん

二〇一三年にタックスノットのＴａｑさんこと大塚隆史さんが星男で展示をしてくれたのは、私にとって感慨深かった。私は彼から多くの影響を受けているからだ。宇野亞喜良さんは、星男がはじまってからの数年間、版画展をしてくれた。

二〇一四年には、小宮山裕介さんとわだりか（mobiile）さんによる写真展「けっこん」

を開催した。七年前にふたりで行った新婚旅行の写真を現像していなかったと知った私が、その写真を展示してはどうだろうと打診したのがはじまりだった。

じつは結婚式をしていなかったというので、私が企画をして二丁目にある大きなクラブを貸し切って、結婚パーティーを開催した。当日は、ふたりを慕うたくさんの友人たちがお祝いに駆けつけてくれた。自分が企画したイベントの中でも、これほどみんなが終始喜び、お祝いの声に溢れ、幸せな雰囲気に包まれたイベントはなかった。

同年には、星男の紙もののデザインをもろもろ担当してくださっている須藤ひとみさんの展示も開催された。

二〇一五年になると、ドキドキクラブさん、アイハラミホ。さんの展示が開催された。ドキドキクラブさんは私と同世代で、アイハラさんはパフォーマーとして星男が開催するイベントにも多く出演してもらっている。アイハラさんは、二〇一六年に私がプロデュースしたぽっちゃりアイドルの三人組「ぷりん隊」のリーダーとしても活動してくれた。

二〇一六年は、版画家であるSulleyさんがはじめての展示をしてくれた。Sulleyさんは、私が一〇代の頃からお世話になっている方からの紹介だった。その方は、「宗久となにかが近いと感じるから、よろしくね」といっていたが、当初はその意味がわからなかった。

その意味とは関係なく、彼女の優しいところと寛大さ、激しさも伴う性格に私は惹かれていった。その性格が私に近いのかどうかはわからないが、情に厚いところは似ているのかもしれない。彼女は、いまでも月一でイベントも開催してくれている。

この時期に展示してくれた方の中には、一〇代からお世話になってたヘアメイクアーティストであり写真家の山口公一さんやゆっきゅんさんの名前もある。

マロンさん、津野貴生さん——展示を振り返る 7

二〇一七年には、フードスタイリストのマロンさんの展示もあった。マロンさんとは歳は離れているが、いまではまるで兄弟（姉妹？）のように気兼ねなくなんでも話せて、とても気が合う。この時の展示ではシャンソンを歌ってくれて、私はあいさつしながら感極まって、泣いていたのが印象的だった。

マロンさんの恒例のバースデーライブ「マロン&星男10周年、星とボーダーのスペシャル聖誕祭」を、コロナ禍の二〇二一年にソワレがオーナーを務める新宿のライブハウスpetitMOAで共同企画・開催した。

そのライブ中、マロンさんとふたりで歌う場面で、なぜか私は涙が止まらなくなってしまい、たくさん練習したのに結局歌えなかった。お客様の優しさと、マロンさんと過ごした時間を思い出して、感極まってしまったのだった。その時の曲は、「夏の終わりのハーモニー」だった。いつかまた、マロンさんと歌いたいと思っている。

二〇一八年には、モデル時代からの仲間で写真家でもある津野貴生さんの展示があった。津野さんは、モデル当時からずっと仲よくさせてもらっている数少ない友人だ。若い頃、一緒の仕事をする機会も多かった。

当時、一〇代だった私には、二〇代前半の彼がすごく大人に見えた。彼との思い出で印象に残るのは、海外ロケのことだ。仕事ではじめて海外に行った私は、一八歳だった。モデルにはほとんど現場のマネージャーがつかない。仕事で海外といっても、はじめてのことばかりの子どもがひとりで行くのだから、いろいろと不安だった。周りの人たちによくしてもらいながら、子どもならではの無鉄砲さで、なんとか乗り越えていた。

津野さんと一緒に海外ロケに行った時のこと。撮影後、スタッフや津野さんはよく飲みに出かけた。私は一〇代だったので参加できず、部屋に残されるのが常だった。ベッドのうえでジャンプしながら、私は「ずるい！」と抗議をした。だが、そんな私を置いて、彼は部屋から出て行ってしまうのだ。彼が帰ってくると、私はご主人様を待つ飼い犬のように、無邪気に喜んだ。ひとりで寝るのがさびしくて、彼のベッドに潜り込む。しかし、いつも容赦なく引きずり出されるのだった。

また、別の海外ロケではパスポートが見つからなくなり、当時のマネージャーが家にやって来て、一緒に探しても見つからないという大事件を私は起こしてしまった。すぐに渡航するタイミングでピンチだったところを、仲の良い津野さんになんとかお願いして、急遽代わりに行ってもらった。その時、津野さんに入っていた仕事を、私が日本で引き受けることで、なんとか乗り切ることができた。

津野さんとは、事務所は違えど依頼される仕事が近く、毎日のように一緒だった。朝一番でロケバスに乗ると、いつも津野さんや仲のよいモデルたちと会うことができた。歳は違えど、不思議な学校にいるような気分だった。

津野さんと私がカメラマンになると決めたのが、同じ時期だったのも感慨深い。最近になって、津野さんはモデルに復帰すると決めた。彼がモデルとなって撮影された展示を星男で開催もした。「宗久も一緒にモデルをやろうよ」と彼によくいわれるが、実現するかは謎に包まれたままだ。いまの私は、モデルとして活動したいと思うこともあるが、まずは身体作りからはじめるというのが億劫なのだ。

いずれにしても、四〇代になってからも、若かった頃と同じ関係が続いていることが、とても嬉しい。これからもお互いに影響を受け合いながら、いつか一緒になにかできればという気持ちが強くある。

大木裕之さん、このよのはるさん――展示を振り返る 8

映像作家である大木裕之さんの展示があったのも、二〇一八年だった。大木さんとは、私が一〇代の頃、一度だけお話ししたことがあった。

映画『フレンチドレッシング』に出演した時に、日本映画の研究で撮影現場に来ていたドイツの男性と、撮影の待ち時間によく話した。彼は、「日本の映画監督では特に大木裕之が好きだ」と言い、大木さんの撮影現場に行った時の話をしてくれた。彼がおすすめの大木作品は『ターチ・トリップ』という作品だった。私はすぐに観て、大好きな映画の一本になった。

セリフはない。撮影場所でいる高知の自然の中で、青年男性の心の揺らぎが感じられる映像だった。この世界で孤独を感じながらも自由だという感慨。揺らぐような不安。そして生と死のはざまが映し出されているようなイメージ。これらは私にとって、リアルに感じる心象風景だった。

その後、友人に紹介してもらい、大木さんと会う機会があった。一〇代だった私には、若かった大木さんは尖って見え、怖くも思えた。だから、その時は緊張してあまり話ができなかった。

星男がオープンすると、いつからか大木さんが顔を出してくれるようになった。大人になった私は、大木さんと普通に話せるようになっていた。大木さんは、とても愛情深く、繊細さと強さを持ち合わせた優しい方だった。もちろん、はじめて会った時もそうだったのだろう。いまでは、私が企画をしたものに出ていただいたりするようになり、大人になることは本当におもしろいことだと思う。

二〇一九年くらいから、積極的に若いアーティストの展示を開催するようになった。落合翔平さんは、星男でスタッフをしていた火山功士さんからの紹介だった。そして、清水くるみさんなど、星男のスタッフの展示も増えていった。

二〇二〇年にはコロナ禍がはじまる。どうしてもお店が開けられない時以外は、積極的に展示をおこなった。展示期間が不規則となり、どうなってしまうのかわからないような状況が続いた。そんな中でも展示を続けてこられたのは、これまでの繋がりを大切にしてくれた作家たちのおかげだ。

築いてきた信頼関係が元となり、作家が作家を呼ぶ。新しい作家との出会いもあった。私も作家として展示しつつ、多くのグループ展も企画した。

そして、コロナ禍の厳しい時期に、星男を盛り上げてくれたのは「このよのはる」だった。このユニットは、リサさんとショーゴさんのふたりからなり、絵を描いて歌を歌う。はじめて会ったのは、大木裕之さんの当時の事務所でおこなわれた新年会だった。

大木さんから「おもしろいアーティストだよ」と紹介されたのがリサさんだった。路上で歌を歌ったり、似顔絵を描いて、お客様に投げ銭をいただいて生活をしている、と彼女は言った。

その時、リサさんのニュートラルな存在感とその生き様に、眩しいエネルギーを感じた。活動拠点は渋谷だったが、東京オリンピックや街の再開発の影響から活動が厳しくなっていて、拠点を探しているとのことだった。私が「よかったら星男の前でどうぞ」と言うと、リサさんは喜び、すぐに星男の前で活動をはじめた。

その頃、コロナの影響で星男にもお客様が来なくなってしまった。二丁目の街がしんと静まる中、私は今後の営業についての不安を隠せなかった。お客様が来ない店の前で、このよのはるはマスクをしながら歌っていた

そのうち私はふたりと一緒に歌いはじめた。沈んだ気分を紛らわせたかった。私は心の中で「きっと、大丈夫」と唱えるのが精一杯な心境だった。いつの間にか私は、彼らの存在に救われていた。自分はひとりじゃない。そう思えるだけで、心に暖かい風が吹くのを感じた。

考えてみれば、これまで星男に来てくれるお客様も、同じように不安な思いを抱えている人も多くいたのではなかっただろうか。星男は、そんな思いを抱えた夜に寄り添える場所を目指して作った店だった。それは、若かった頃の私がそんな場所を欲していた

からだ。知り合いもいない二丁目をぐるぐると歩きながら、ここで気兼ねなく友だちの家に遊びにいくような感覚で入れる場所があったらと願っていた。そして、このよのはると歌いながら、そんな場所と人とのコミュニケーションの重要さを心から感じた。

ふたりのお陰もあって、私は気を取り直し、カフェやオンラインバーをはじめた。企画展示についても、オンラインを含めたかたちで開催するようになった。こうして星男は、厳しかったコロナ禍を乗りこえていった。

私は作家たちと、長い付き合いの中でお互いに成長してきたと感じている。少しずつお互いの共感を得られたことは、かけがいのない宝物だ。同志のような思いを持って、より深く付き合えるようになることの嬉しさは格別のものだ。そして、この思いは長く通っていただいているお客様にも同様に感じる。

コロナ禍以前の数多くのアーティスト、そして鏡ゆみこさん
――星男の夜を彩る数々のイベント――

星男で開催した数々のイベントについても触れておこう。星男では、お客様とアーティストが触れ合えるイベントを、店内において数多く開催してきた。

コロナ禍になる前までに開催したイベントは数え切れない。ここではおもなイベント

をざっくり取り上げよう。ポートレート撮影をしてその場でプリントをお渡しするmobiile による「移動写真館」。ヴィヴィアン佐藤がおもてなしをする「ヴィヴィママデー」。肖像画をその場でお渡しする「オ〜ラの似顔絵」。アイハラミホ。「人間フラワーロック」。真珠子「夜の真珠子学園」。増田ぴろよ「尼寺」。ドキドキクラブ「ドキドキタイム」。ゆっきゅん「ゆっきゅんＴＨＥナイト」。きのしたまこ「四面楚歌」。はっとりかんな「似顔絵やさん」。三上ナミの流しイベント「流しのナミちゃん」などなど。

どのイベントも、アーティストの個性を活かした内容で、それぞれのコミュニティーができているのが特徴だ。

二〇一七年には、鏡ゆみこさんの展示があった。ゆみこさんは、池袋にあるＳＭサロン「ユリイカ」のオーナーで、同店は二〇二三年で一九周年を迎えた。お店の経営者としての大先輩であり、星男ではじめてお会いしてから、少しずつ仲を深めていった。お店のことからプライベートなことまで、いろいろ相談に乗ってもらっている。ゆみこさんは、女王様然としたところが普段はなく、優しく頼り甲斐があり、私はついつい甘えてしまう。ユリイカのスタッフや常連のＭ男さんからは「オジキ」と呼ばれるキャラクターでもある。

ゆみこさんは、ほとんどお酒を飲まない。それでも一時期は毎日のように、お茶を飲みながら私と一緒に朝まで飲み歩いた。私だけがひどく酔っ払っているのがほとんどだが、人が枠からはみ出すことを彼女は喜んでくれたし、おもしろがっているようだった。私はそれに甘え、決まりきった在り方や、普通とされる価値観からつい逸脱してしまう。ゆみこさんの前では、つい心を解放してしまうのだ。このことは、ゆみこさんの周りに集まるM男さんや、彼女を慕っている女王様たちも、きっと同じように感じているのではないだろうか。たしかに、ゆみこさんを介して知り合ったフェティッシュな世界の方たちはみな、枠にはまらない魅力に溢れた人たちだった。

私自身は、フェティッシュな領域にはいまのところ興味がない。だが、社会の中でマイノリティーとされる部分では、フェティッシュな方たちとどこか通じるところがある。だから、そういう方たちと一緒にいると居心地がよいのだ。

ゆみこさんの展示は、写真作品となった。私が苦手だったので、痛覚を刺激するような表現はNGとさせてもらった。とはいえ、ゆみこさんと私の痛覚が違うことから、なにをどこまで展示するのかということで言い争いになったのも、いまとなってはよい思い出だ。

美しい女王様が生き生きと写っている写真が展示されると、私はイメージしていた。だが、実際に展示されたのは、M男さんが生き生きとして写る写真ばかりだった。ゆみこさんいわく、「あくまでもM男さんが主役なんだよ」。

新井英樹さんがやってきた――星男の夜を彩る数々のイベント 2

そして、二〇一七年には漫画家の新井英樹さんの展示も開催された。

新井さんが星男にはじめて来てくれた時のことは、いまでも鮮明に覚えている。オープンしたばかりの早い時間に、新井さんはひとりで星男に入ってきた。その時、私は漫画家の新井英樹さんだとはわかっていなかった。腰が低く、その表情は優しい。話しかけやすい印象を持った。

ふたりで話しているうちに、彼が漫画家であることと、二丁目でゲイの男性に取材をしたくて、ここに来たことを教えてくれた。知人からの紹介だったようだ。

私には男性向けの漫画を読む習慣がなかったので、失礼ながら新井さんのことを知らなかった。しかし、新井さんの謙虚な話ぶりに惹かれて、いつの間にか「答えられるものなら、なんでも答えます」と私は彼に伝えていた。

質問の中で印象に残っているのは「ストレートの男性を好きになるか？ もしなったらどうする？」という質問だった。私は、自分がゲイであることは、いまではなにも問題がないと思っている。とはいえ、昔よりもだいぶ差別も減ってきたものの、ゲイであることで茨の道を歩むことになるのも事実だ。

茨の道となる理由は、日本ではゲイをめぐる社会的な制度が整っていないことが大きい。そして、パートナーシップだけではなく、子どもの問題も大きくのしかかってくる。この茨(いばら)の道を、ストレートの人にわざわざ歩ませるようなことをしたくない。だから、ストレートの人はそのままストレートとして生きたほうがよいと感じている。そしてこれまでも、おそらくこれからも、ストレートの人を好きになることはないだろう。もし、好きになったとしても、自分からはアプローチしないと思う。そんなことを私は新井さんに答えた。

新井さんは、その答えに共感をしてくれて、そのあとも深い話ができた。そして、それ以降、新井さんはしばしば星男に来てくれるようになった。

その頃、いまは亡きAV監督のモヒカルさんも、よく星男に来てくれていた。ある夜、新井さんが星男に入ってきたのを見た途端、体が大きかったモヒカルさんが「新井英樹！」と言って、腰を抜かしたように床に倒れ込んだ。モヒカルさんは、当時Twitter（現「X」）のプロフィールに書くほど新井さんを敬愛していて、いつか一緒に飲むのが夢だったと興奮した様子で教えてくれた。

売上が振るわなかったある日、居酒屋でスタッフと飲みながら「お客様が来ない日をどう乗りこえていこうか」という話をしていた。その席に新井さんがいたのだが、私は酔った勢いで新井さんに「時給五〇〇〇円でアルバイトをしてくれないか」と持ちかけた。あきらかに悪ノリだった。五〇〇〇円の根拠は、高校時代の私のアルバイト代だ。

新井さんは、五〇〇〇円なのがむしろおもしろいと言って、アルバイトを引き受けてくれたのだ。後日、「新井英樹皿洗いデー」と題して、二回もカウンターに入ってもらえた。新井さんのアルバイトが終わり、みんなでいつもの居酒屋に入った。すると、新井さんがそこにいると聞きつけたモヒカルさんがやってきた。モヒカルさんは私たちにあいさつをしてくれて、写真を撮って帰られた。

その数日後に、モヒカルさんは突然、亡くなってしまった。私と新井さんは彼のお葬式に行ったのだが、あまりにも急なことで実感が持てなかった。モヒカルさんと私は同じ歳だった。たった数日前に、いつもどおりの元気な姿を見せてくれていたのだ。

モヒカルさんがいつものように、ふと星男に遊びに来てくれる。私はいまも、そんな気がしてしまう。そしてモヒカルさんに限らず、旅立っていったすべての仲間たちにも、同じように感じる。私は、星男に来てくれて、たくさん関わって、お話してきた人たちを、まるで仲間のように感じるようになっていた。

真舘嘉浩さんの想い出――星男の夜を彩る数々のイベント 3

イベントといえば、星男の主催で別の会場でも、いろいろなイベントを企画・運営してきた。

二〇一四年には、二丁目のAiSOTOPE LOUNGEで星男ゆかりのアーティストがパフォーマンスするイベント「星男祭」を開催した。その年には、mobiile「けっこん」写真展記念ウェディングパーティーが同じ会場だった。このパーティーのDJをつとめてくれたのは、グラフィックデザイナーで友人の真舘嘉浩（まだちよしひろ）さんだった。その真舘さんは、二〇一九年に旅立った。

長く付き合った彼と別れたあと、一緒に暮らした経堂の家を出た私が、居候をさせてもらった友人の家が世田谷代田にあった。その家は、真舘さんの家から目と鼻の先の距離だった。

その数年前、まだ真舘さんと知り合っていない頃に、私は彼の家の近くに住んでいたことがある。真舘さんの家は、とても大きくて素敵な一軒家で、春になると庭に桜が咲いていた。ある時、その家で和やかに花見をしているのを見かけた。それを見た私は「いいなぁ」と思いながら、仲間の一員として一緒に花見をしているシーンを夢想した。

しばらく経ったある日、私は友人で料理家の真藤舞衣子さんと会っていた。彼女に「紹介したい人がいる」と言われ、タクシーに乗った。降りた先は、私が「いいなぁ」と夢想した家で、そこが真舘家だった。

真舘さんの近くに住むようになってからは、毎日のようにビールやワインを持って、彼の家に遊びに行った。恋人と別れたばかりの私は、夜になると無性に寂しくなった。真舘さんはそんな私をいつでも優しく迎え入れてくれた。

二〇二〇年に真舘さんが亡くなったあと、私は一日だけ彼の家の整理をお手伝いさせてもらった。その時に、彼の部屋にあった大きなランプの処分に困っていると聞いた。落ち込んでいる際に部屋を訪ねた私を、いつも迎えてくれたランプだった。

その話を聞いて、私はすぐに「星男に置きたい」と思った。サイズなどは気にせずに星男に運んでもらうと、入り口にぴったりと収まってくれた。いまでは、星男の入り口でたくさんの人たちを照らしてくれている。

そして、そのランプを見ると、優しかった真舘さんとあの部屋の暖かさを思い出す。

二〇一五年以降のこと——星男の夜を彩る数々のイベント 4

二〇一五年も数多くのイベントを企画・運営した。いまはなき渋谷の「サラヴァ東京」では、盆踊りイベント、星男祭「キラキラ盆踊り大会☆」、ＤＪイベント。こちらもいまはなき二丁目の「Arch」では、アイドルを中心にしたクラブイベント「アイラブアイドルクリニック」を開催し、FOXY llustrations も参加してくれた。

同じ年に、iSOTOPE LOUNGE で新井英樹さんをゲストに迎えた「星男フェス！星男スターズプレゼンツ☆朝までトーク＆ライヴフェス！」。この時、新井さんに鏡ゆみこさんを紹介して、ふたりは意気投合するのだった。この年はイベントが多く、星男の地下にある劇場でも「トーク＆ミュージックバラエティ星音 hoshioto」を四回ほど、イーガルさんをピアニストに迎え開催した。

二〇一八年は、サラヴァ東京でトーステイーさんとゲストをお迎えして、テーマの曲を歌って語り、スピリチュアル要素も入れた「五次元歌謡ショー」を毎月一回、丸一年に渡って開催した。二〇二〇年には、PetitMOA で数多くのゲストを呼んで、ライブショー「新宿不思議トゥナイト！」。

二〇二一年以降は、コロナ禍でイベントが激減する。それでも、PetitMOA で「マロン＆星男10周年、星とボーダーのスペシャル聖誕祭」を開催した。

二〇二二年には、PetitMOA で「星男ダンスレボリューション」というダンスのイベントをやってみた。プロのダンサーもいたものの、基本的にはこの日にはじめてダンサーとしてステージに上がる異業種のアーティストのためのイベントだった。ダンサーの有代麻里絵さんと組んで、私もはじめてダンスに挑戦した。

普通は、ステージにはプロが上がる。一方、私は「はじめてステージで踊る」ことをイベントのメインコンセプトにした。その理由は、表現に関してプロとアマチュアという括りで分けることに、だんだんと違和感を抱くようになったからだった。この括りは、観る人と観られる人を区別する。さらに、観られる人や表現が特別なものだと区別する。

本当は、どんな人でも表現者なのではないか？　それぞれの表現者のあいだに、様々な違いがあるだけで、プロとアマチュアを区別することにどんな意味があるのだろう。下手であろうが上手かろうが、そんなの関係ない。そのことを私はアートから教えてもらった。

そんな思いから、二〇二三年には誰もが自由に参加できるカラオケ大会「パラダイスカオスカラオケ」と、大人になってからなにかに挑戦することを讃えるイベント「ときめきたいの」を開催した。

「ときめきたいの」の第一回では、四七歳から映画監督を目指し、その一年後に映画を作り上げたタカハシヨシコさんを迎え、映画を上映し、彼女のお話を聞いた。タカハシさんの映画『いつ、どこで誰になっても』で、私は久しぶりに役者として出演させてもらった。この映画では、私の人生では一生経験できることのないだろう「お父さん」役を演じ、違う人生を演じるおもしろさにやっと気がついた。

誰にも邪魔されないひとりの宇宙

最後に、展示の話に戻したうえで、私のいまの心境を書いてみたい。

以前、私は星男での展示企画について、スタッフに任せようと試みたことがある。気軽な気持ちでお願いしたものの、そのうち「誰かが企画や作品を選ぶ」ということには根源的なむずかしさが伴うことに、私は気がついた。

私は、もともとオーディションで選ばれてきた人間だった。その後、写真の仕事をするにしても、ギャラリーで展示をするとしても、誰かに選ばれることで、それが実現できた。一方で、それが当たり前の世界に対して、私は疑問を感じるようになっていたように思う。

人に選ばれる喜びは、もちろんあった。選ばれなかった苦悩も嫌というほど味わってきた。その意味で、作品の好き嫌いを基準にして展示を作家にお願いをするというスタンスを、私は取れなかった。日々の出会いの中で作家自身に好意を持ち、ご縁があることを重視していた。

このようなプロセスで、私が自分で自分を選んであげる方法を探しはじめたのが星男という場所だったことに気づくことになる。そして、スタッフに展示を企画してもらうことがひとつの表現と考えることは、こうした私の考え方とは矛盾することに気づいた。人が人を選ぶという構図自体に従来の社会の資本主義的な在り方を連想させるようにも感じた。

しかし、この構図のすべてに疑問を持っていては、この社会を生きていくことはむずかしい。選ぶという在り方の中で、私が納得できるかたちとはなんだろう。スタッフと話し合う中でいきついたのは、なぜ自分らしく表現するということに私がこだわるのか、ということだった。

多くのアーティストは、人と違うものを求められ、当たり前に人に評価をされる。とはいえ、他人の評価ばかりを気にしていたら、自分という本来の個性を見失ってしまう。それでも続けていく中で、少しずつ本来の自分の独自性に気づく。そんな道のりがあるように私は感じてきた。

その道のりを歩む時、自分が自分を最大級に認めてあげなければ、進み続けることはむずかしい。自分を認めることは、自分を愛することに繋がっているからだ。そして、この道を進んだ先には、誰かに評価されるということだけでは得られない、本当の心の幸せがあるのではないだろうか。

ただやりたいことをやっていた子どもの頃のように、それをしていること自体が幸せという状態。そして、それを続けているうちに、自分だけが楽しいことよりも、誰かのためになることで、私は幸せを感じるようにもなったと気がついた。

私にとっては、「自分である」という表現をすることが、自分を知り、自分を愛する過程のはじまりだった。そして、大きいなにかに頼るところから抜けて、個人や小さいコミュニティーから発信することが、以前より可能になった時代に変化しているいま、私も心からそこへ挑戦したかった。

そのためにも、自分への愛は必要不可欠なものではないか。人からの評価だけではなく、まずは自分を認め、自由に表現させてあげることが大事で、それは人間の尊厳と通じる。人間の幸せは、自分への大きな愛のことではないだろうか。

そのうえでどんな立場でも、自分の心からの表現、すなわち私の生きた哲学を明らかにすることが重要だと思い至った。

なにかが「好き」という気持ちは、すばらしい。それだけで、伝えるものも、伝わってくるものも大きい。そのうえで、その思いを自分の人生の体験と重ねて、掘り下げていくことで、「選ぶ・選ばれる」という二元的な概念を超えた、お互いを選び合うような関係が成り立ち、自分の表現へと昇華できる可能性があるのではないか。

自分の言葉で、自分が好きなアートを語ってほしい。私は、そんな話をスタッフにした。そして、最近その話を聞いたスタッフがアートに関しての文章を書きはじめた。

その文章の独自性こそが、いましか書けないものであり、誰にも邪魔されないひとりの宇宙だ。

そして、どんなジェンダーやセクシャリティにおいても、あらゆるマイノリティーとされることも、唯一の独自性がある、あなただけの誇れる宇宙だ。

第2部

新宿二丁目で働く先輩に話を聴く

Ⅰ

二丁目のママにはそれぞれの役割があり、それぞれのお客様がいる

agitの菅原有紀子（Yukko）さん
〈聞き手：櫻田宗久〉

菅原有紀子（すがわら・ゆきこ）

株式会社 a groove 代表取締役。一九九九年当時としては珍しかった、女性メインの gaymix バー「ago」を、友人と共に新宿二丁目に開店。その後、bar agit、夜カフェ anchor（二〇二〇年、百合カフェに業務形態変更）、DJ bar 艶櫻（あでざくら）、新宿弐丁目横丁内の awato など、新宿二丁目を拠点に、女性が入りやすい飲食店を様々な業態で経営中。「あったらいいな」を合言葉に、新宿二丁目という街に惹かれ集まってきた多種多様な方々の心のなにかにひっかかる、そんなお店をつくろうと、会社ぐるみで日々奮闘中。日々夢の途中の人。

はじめてレズビアンの世界に足を踏み入れて

櫻田　ゆっこちゃんのagit（以下、アジト）というお店のお客さまは、基本的には女性の方だけですよね？

菅原　基本はそうなんですけど、ゲイはもちろん、事情がわかっている男性もいらっしゃるし、女装の方も。M to Fも、F to Mもいらっしゃいますし、セクシャリティは様々です。

櫻田　私が二丁目に頻繁に通うようになった大きなきっかけは、ゆっこちゃんでした。タレントをやっている時に、女友だちと急に二丁目に行ってみようと盛り上がって。その時にゲイの友だちに紹介をしてもらって入ったお店が「ａｇｏ」でした。そこでゆっこちゃんが働いていたんですよね。ゲイバーにはなんとなく行きづらいこともあって、ゆっこちゃんとお話しながら二丁目のカルチャーに実際に触れる感覚があり刺激的でした。二二年前の話です。

このお店は、何年くらいやっているのですか。

菅原　今年（二〇二二年）でちょうど二〇周年です。宗久と出会った頃は、一年半ほど友人とお店をやっている時で、そのあとお互いにお店をはじめました。

櫻田　では、「ａｇｏ」にいたのは、二丁目で働き出した頃になるのでしょうか。
菅原　そうですね。
櫻田　どうして二丁目で働こうと思ったのですか？
菅原　はじめは二丁目で働こうなんて、思っていませんでした。一九九〇年代の後半だと、若者が気軽に集える女性向けのお店は一軒しかありませんでした。ショットバーみたいな感じで。私が一九歳の頃ですね。その頃は、夜な夜な放課後のようにそのお店に繰り出していました。そのあと大学を卒業して、広告制作会社に入りました。
　私が就職した年は、いわゆる就職氷河期と呼ばれた時期でした。会社に入れたのはいいけれど、給料は安いし、ボーナスも出ない。一年で辞めて、転職しようと考えました。三カ月くらいのうちに、新しい仕事を見つけようと思っていました。
　ところが、そのショットバーで人が足りない時に、中に入って手伝ううちに、Ｍさんという常連さんから「お店をオープンするので、うちで働かない？」と誘われました。その店が「ａｇｏ」の前身となる「ＭＢ」というバーです。
櫻田　そのバーは、レズビアンのお客さまがターゲットのお店だったのですか。
菅原　店主のＭさんが、自身のことをレズビアンだと思っていたので、そんな感じでした。その後、Ｍさんは、じつはノンバイナリーだったということに気がつくのですが。当時は、そんな考え方も概念もなかったので、レズビアンだと思っても仕方ないですね。

菅原　この街には、孤独を感じる人たちがやってきます。だから、「私はあなたの仲間ですよ」と呼びかけないと、お店がなかなか成立しません。他人に自分をカテゴライズされるのがいやでこの街に来る。けれど、当時は二丁目に来て、みんなに受け入れてもらうためには、自分をカテゴライズせざるをえなかった。

だから、彼女も自身をレズビアンとカテゴライズしていたけれど、突然男性と恋に落ち、一緒に海外へ行ってしまったのです。私が「MB」に入って三カ月目のことでした。その時、私がもっとも気になったのが、お店でキープされているボトルのことです。お客様がキープしてくださったボトルが、お店がなくなったらたいへんなことになる。「ゆっこが働いてるから」といってボトルキープしてくださったお客様もたくさんいました。

でも、当時の私には貯金がないから、お店を引き継ぐことなどできない。どうしようと困っている時、Sちゃんに相談したら、「じゃあ、一緒にお店をやろう」と言ってくれて。それで、一緒にお店をやることになったのです。

櫻田　お店の権利は、どんな感じだったのですか。それも引き継ぐようなかたちだったのですか?

菅原　それこそ二丁目あるあるです。お店の権利は、又貸しの又貸しの又貸し……みたいな感じで、誰が権利を持っているのかわからなかった。とりあえず、Mさんに貸していた人は見つかったので、私たちはその人から借りることになりました。

Mさんは三年契約をしていたのに、一年半で辞めてしまった。だから、貸すことができるのは残りの一年半で、敷金と礼金はあらためて払ってくれ、と言われた。一度に払えないから、月の家賃に一〇万円を足して敷金・礼金分を払っていく約束をしました。

ところが、お店にキープされているボトルは、先払いでお代をいただいています。新たなボトルを入れていただくまで、お金が入りません。生活の最低限の固定費をキープしておくため、私は週に二日ほど銀座のクラブでアルバイトをしていたんです。残りの五日間は、その店舗に立ちました。

いずれにしても、職業として水商売を選ぶつもりなどありませんでしたが、「流れ」でお店をはじめることになったというのが実状です。

宗久と会った頃の話

菅原　そういえば、お店をはじめて少し経った頃、宗久がやってきて、「ゆっこちゃんも含めて、大人は誰も信用できない」と言われたことがあります。酔っていたのでしょう。その時私は、「そんなことはない。信用できる大人だっている」と強い口調で言ったのを覚えています。

櫻田　なんとなく覚えています。

菅原　でも、それを言ったあとで「はたして自分は、宗久にそんなことを言えるような大人なのだろうか」と悩んだんですよ。当時はまだ二七歳でしたから。同時に、私はお店のママなんだな、とも思いました。そして、開店当初に別の店のベテランママに、こんなことを言われたことを思いだしました。

あなたは今日からお店のママなんだからね。ママっていうのは、お客様にとってのお母さんなんだから。愚痴を聞いてあげて、時にはまちがったことは叱ってあげて。捨て台詞をはいて出ていっても、帰ってきたら笑顔で迎えてあげなさいね。

私だって人にだまされることはあったし、信用できない人だっていたから、「大人を信用できない」と言われれば、そうかもしれないと思う部分もありました。それでも宗久に反論したあと、そのママの言葉を思いだして、「これがママという仕事なんだな」と自覚したんです。

いま思えば、自分だって若輩者だったのに、偉そうに宗久にお説教をしたことが恥ずかしく思えたりもします。

櫻田　私だって、ゆっこちゃんに乱暴なことをいろいろ言ったと思います。私にとって、ちゃんと通いたいと思ったはじめてのお店が、ゆっこちゃんのところだった。タレントをやっている時には、二丁目に飲みにいったら周囲に迷惑をかけるという思い込みがあったんです。

その後、タレント業を辞めて二丁目に来てみると、ゲイやレズビアンの人たちが大勢いて、セクシャリティのことを気にする必要もない。飲むのが楽しくてしょうがなくて、ちょっとはしゃぎすぎていたような気もします。

菅原 あの時代（二〇年前くらい）の二丁目は、セクシャルマイノリティでありながら、中学とか高校でそれをおもてに出せなかった人が、二〇代になってからここに通い出して、一〇代の時にできなかったことを、思いきりやっていたように感じます。

櫻田 来た人たちが羽目をはずすような部分は、いまの二丁目にもありますよね。

菅原 あります。うちは女性がメインのお店なのにパンツ一枚の男の子が来て、みんな苦笑いです。近くのゲイバーのママが、「はい、はい。ここはあんたが来るところじゃないのよ」なんて軽くあしらってくれたんですけどね。二〇代のグループだったんですけれど……。

櫻田 その気持ちが、私にはすごくわかります。自分にもそういう時期が、確実にあったので。その時期を通って、いまの私がある。私がこの店に通っていた時は、はしゃぎまくってたいへんでしたよね？

菅原 宗久は、気持ちの落とし所がなかなか見つからないように見えました。でも、タックスノットに入るようになったくらいから、きちんと自分のことを他人に説明できるようになってきたのかな。守りたいものができたようにも見えたんです。それは、すごくよいことだと思って。

櫻田 たしかに、タレント業をやめて、内田春菊さんのところでアシスタントをやっていた時期は、なんでタレントを続けられなかったのかといったもどかしさや業界の大人たちへの失望、そして自信のなさがありました。だからこそ、ゆっこちゃんが言うように、他人に心を開けず自分のことを他人にうまく話せない状態だったのかもしれません。

自分の性自認がわからなかった中高生時代

櫻田 ところで、ゆっこちゃんはいつごろから、自分がレズビアンだと気づいたのですか?

菅原 さきほどノンバイナリーという言葉を出しましたが、気づいた時期とかは明確にはわかりません。ずっと、なんとなく、男性に興味を持てなかったんです。
いや、男性と付き合ったこともあるけれど、あくまでも人として好きなのであって、そこに性的な魅力を感じたことはありませんでした。

櫻田　この前、星男で会ったゆっこちゃんの地元の親友の女性が、「私は、ゆっこが女の子が好きなのをわかっていたよ」と言っていたのが印象的でした。

菅原　幼稚園からの幼なじみですね。自分がレズビアンだと自覚したというより、人と違うと思ったのは、小学生の時に女の子同士で集まって「誰彼が好き」とか「あの男の子、いいよね」なんて話をするじゃないですか。私は、そんな話にまったく興味がなかったのを覚えています。輪に入れないいんですよ。

その時に、私と同年代の女の子たちは、好きな男の子がいたりするものなんだ、と気づきました。そして、私にはそういう感覚がないことにも。かといって、自分が男性的なものにあこがれたりもしませんでした。当時、流行っていたピンクレディーや榊原郁恵ちゃんの振りまねを懸命にやっていましたし。

櫻田　小学生では、まだレズビアンの情報など、ありませんよね。

菅原　ありません。

レズビアンという言葉は知らないけれど、あきらかに人と違うと自覚しはじめたのは、中学生くらいの時でしょうか。まわりの男の子には興味がないし、女友だちが好きな光GENJIとかには興味がありませんでした。逆に、おニャン子クラブが大好きで。

でも、みんなと仲良くしたいから、男の子とデートするなど、まわりの女の子と同じようなことをしていました。合わせていたんですね。

中学三年の時には、男の子とお付き合いしました。まわりの子たちには、冷やかされましたが、ようは一緒に帰るだけの仲でした。

中学生の頃には、私に性的なことをアピールしてくる女の子もいました。ちょっと嫌だな、というのがその時の気持ちです。女の子同士というのが、なんとなく悪いことをしているという思いがあったから。といっても、そのアピールを明確に拒むわけでもないのです。

どの学校にも、どの年代にも、性に貪欲な人っているじゃないですか。いまの二丁目にも、そういう人がいますからね。彼女もそのうちのひとりだったんだと思います。

高校に入ってからも、彼氏はいました。きっかけは音楽で、自分の好きな曲を集めたカセットテープを作り、聴いてる歌手やグループの趣味が合うと嬉しいし、カセットを交換するのが楽しかった。でも、やはりその人とも登下校を一緒にするだけでした。

レズビアンバーが満員電車のように賑わっていた頃

菅原　ある日、テレビを見ていると、青山ブックセンターという書店が紹介されていて、そこでレズビアンやゲイを特集した雑誌や本が売られていることを知ります。その情報を知った私の心は、なぜか盛り上がりました。

それまでは、風俗を扱ったテレビ番組「トゥナイト2」(テレビ朝日系)などで、女性たちが集まる店の特集などをしていました。しかし、そこに登場する女性たちは、男装をしていたりドレスで着飾っていたりと、私と種類が違うと感じるタイプの人ばかりでした。

櫻田　たしかに昔はメディアがセクシャルマイノリティを取り上げる際に、あえてけばけばしいものや派手なもの、そして極端なものを紹介していたように思います。ゲイの場合、当時、ロールモデルを私は、美川憲一さんのイメージで連想していたのですが、美女性的な振る舞いでお化粧もするようなイメージが強かった気がします。なおかつ、美川さんはカミングアウトしているわけではない。でも、立ち居振る舞いなどを見ていれば、「あの人はゲイなのかな?」と思う。

菅原　東京に来てから、最初にアルバイトした居酒屋の店長が「俺は最近、ホモにもてる」みたいなことを言い出しました。それで「ホモのいる店に行こう」ということになり、池袋のあるキャバクラに連れていかれました。そこは、ゲイの人がスタッフとして働いているところでした。そして、その二次会ではじめて二丁目にやってきたんです。一九歳の時でした。

二丁目のゲイバーでは、ママに「あんた、女もいけるんでしょう」なんて言われて。それで、「近くにレズビアンのバーができたから、行ってみなよ」と教えてくれて。それを聞いて、そのレズビアンバーに行ってみたいと思いました。

櫻田 当時、二丁目には何店舗くらいレズビアン向けのバーがあったのですか？

菅原 四、五店舗くらいですか。

数日後、夜が怖くて、明るいうちに紹介された店を訪ねました。当時は、バーといってもお店のつくりがスナック形式で、カウンターの中にいる人がレズビアンのママという店がほとんどでした。当時の自分が気軽に入れる金額でもないし、短時間で飲んで帰る雰囲気じゃないと感じました。

ここは自分の居場所じゃないかもと思っていたところ、若い人でも気軽に飲める店があるという情報を、隣に座った女性から教えてもらいました。で、一緒に行こうと連れていってもらったのが「キンズウーメン」という二丁目初のレズビアン向けのショットバー。金額的にも安く、自由に過ごせる雰囲気で。だから、若いレズビアンには人気の店でした。

キンズウーメンの登場は、ほかのレズビアンバーのママたちから喜ばれていました。当時、レズビアンバーをやったママたちは水商売のプロが多く、客単価は五〇〇〇円から一万円くらいでした。他方、キンズウーメンのTさんはゲイバーのカウンターに入っていた経験があるだけでお店をはじめ、一杯数百円の酒を売っていた。プロにしてみれば、そんな商売がうまくいくのか疑問だった。けれどお店は軌道に乗っていた。若い人がたくさん二丁目に来るようになった。そのことを既存のレズビアンバーのママたちは歓迎していました。

櫻田　キンズウーメンには、そんなに若いレズビアンがたくさん集まっていたのですか？

菅原　週末は、いつも満員電車のようなにぎわいでした。二〇代の人が多かったですね。その店で、レズビアンの人たちと出会い、コミュニケーションを深めるようになりました。女の子と付き合い出すわけですが、まるで日常の放課後みたいな空間でした。どこの誰とどこの誰が付き合ってるみたいだよ、なんて情報がポケベルで出回ったりするんです。

櫻田　そうなると、ちょっと子どもっぽい感覚の恋愛というか、出来事や感情をみんなでシェアをして大げさになってしまう、思春期的なものを感じますね。

菅原　高校を出たあたりまでは、愛やら恋やらなんて、自分には関係のないものだよな、と思っていました。でも、自分と同じレズビアンの人たちと知り合えたことで、自分は愛や恋を知らなかっただけなんだ、ということに気づきましたね。なかなか、嬉しくて楽しいものだと。

当時の二丁目は狭い世界だったから、自分の恋人が他の誰と関係を持ったとか、あの娘が複数の人に電話番号を教えていたよとか、学校みたいにみんな盛り上がっていました。もちろん、私もその世界に巻き込まれながら、過ごしていたんですよね。
あの当時は、大学に行って、バイトして、週末になると必ずキンズウーメンに来るというのが定番となっていました。そこに来る人たちと会うのが楽しかったし、自分に興味を持ってもらえるのが楽しかった。

自分のお店を持ってから

櫻田 その数年後には自分で店を持つことになるわけですね。なおかつ、やりはじめる時点で、お店の方向性がある程度決まっていたんですよね。

菅原 いくつかのお店で働いてみて、店のシステムやお客様の様子を見てきたでしょう。そんな中で、こういうお店がやりたいという姿が見えてきたのかもしれません。というか、やってみたお店が、自分のスタイルに合っていたということなのかな。

櫻田 ゆっこちゃんがお店をはじめて、私が通うようになって思ったのは、コンセプトがしっかりしているということでした。スナックという文化に誇りがあって、その場所での楽しみ方を教えてもらった気がしています。さっき言ってくれた感情の交流もとてもありがたかった。あと、多様なお客様がやってくるのも印象的でした。じつは、私はゲイバーに行くのがちょっと苦手で、その理由は性的対象である男性から、品定めされるような視線を感じるからでした。そのシーンでモテない自分を感じてしまうというか。ゆっこちゃんのお店は、セクシャルマイノリティをはじめとする様々な人が、気軽に入ってこられるような雰囲気があったし、いまもあるのでしょうね。
あと、自分から「レズビアン」だと言ってくれた人に会ったのは、ゆっこちゃんがはじめてでした。二〇年前くらいだと、メディアなどにもレズビアンはほとんど出ていませんでしたよね。

菅原 レズビアンとして公に出ているのは、タレントではなくアクティビストと呼ばれるような人が多かった。一般的には、カミングアウトしている女性は少なかったと思います。私は、当時のアクティビストの方々とあまり関係がなくて、二丁目でただ遊んでいた私たちと彼女たちとのあいだには、少し距離を感じました。けれど、彼女たちの活動があってこそ、レズビアンの存在が世の中にも伝わるようになっていったのだとも思います。
その後、アクティビストとごく普通のレズビアンが少しずつ交流したり融合していって、いまのより自然な状況となったような気がしますね。

カミングアウトは慎重に

櫻田 自身のセクシャリティがレズビアンと自覚したのは、いつ頃のことですか？
菅原 二丁目のショットバーに出入りするようになった頃だから、一九歳くらいですか。
櫻田 そのあと、レズビアンであることのカミングアウトは、どうやってしていきましたか？
菅原 恋人ができた時に、弟には言いました。あとは、ごく限られた人にだけ知らせたような気がします。もちろん、二丁目界隈では知れ渡っていたと思いますが。
櫻田 最近のゆっこちゃんは、様々な場面で自身がレズビアンであることを公表していますね。
菅原 確かに。その理由は、いくつかあります。まず、二丁目が変わったこと。昔の二丁目は、クローゼットの中でひっそりと暮らしているような人たちが、自分と同じタイプの人が集まる店に出入りする、というかたちが主流でした。でも、いまはクローゼットを開けた人が増えたし、性別など関係なく、多様な人たちが出入りする街に変わりつつあります。
そう考えると、私がこういうタイプのお店をやっていて、その理由はこういうことだと公表しても、よいのかなと思えるようになったのです。つまり、私自身がレズビアンであることと、お店にはレズビアンを中心にしつつ、多様な人たちに来てほしいことを、そろそろ人に伝えてもいいのかな、と思いました。そして、それを伝えたとしても、傷つく人がいないわけですし。

櫻田　お店をはじめた頃のゆっこちゃんは、お店に来るレズビアンのお客さまを「守りたい」と言っていたような気がします。それは、家でも職場でも、自分のセクシャリティをカミングアウトできない中、居場所として自分の店を選んでくれる人たちの秘密を守り、親身になって話を聴くという意味だったのかなと思いました。だから私は、ゆっこちゃんが自身のセクシャリティを公に話さないようにしていると思っていました。

　そんなゆっこちゃんが、最近はレズビアンであることをSNSなどでも語りはじめたという変化が興味深いです。

菅原　私が変わったというよりも、お客様が変わったんだと思います。極端な話、昔は命をかけて二丁目に飲みに来る人が、たくさんいた。けれど、いまはいろいろな場所で飲む、そのひとつの場所として、二丁目に来るようになっています。

　そもそも、グーグルで検索すれば、レズビアンとはなにかなんて、すぐにわかるでしょう。レズビアンだと語ったうえで、活動しているユーチューバーだっているでしょう。それはゲイもトランスジェンダーも同じことだと思います。つまり、地方で暮らしていても、ＬＧＢＴＱの情報は入ってくるわけです。

二丁目に来ることは特別なことではなく、「ちょっと二丁目にいってみた」くらいのノリで話せるようになっているのでしょう。二丁目は、秘密を守ってもらいたい人だけが来る場所ではなくなりつつあるということは、私の店に来ても「あの人はレズビアンだ」などといちいち指摘される可能性が減ったということにもなります。

それなら、私がレズビアンであることを公表しても、お客様に迷惑がかかることもないだろう、と思ったわけです。お店でレズビアンのお客様を守るという私の役割は、そろそろ終えたのかなって感じです。

それでも、実家の父母にはまだカミングアウトしていません。

櫻田　ＳＮＳなどでゆっこちゃんがカミングアウトしているのを父母が見たとしたら？

菅原　それを父母がどう思うかまで、私にはコントロールできませんよね。だから、知ったら知ったで仕方ないとも思っています。

私のお店に来るお客様を見ていても、同じことを感じます。昔はレズビアンであることがバレたら「ヤバい」という感じがひしひしとお客様から伝わってきた。いまは、その「ヤバい」感じが相当うすまっているように思います。バレたらバレたで仕方ないし、他人はコントロールできないし、といった感じでしょうか。

また、他人にセクシャリティを突っ込んで聞いたり、それを知ったうえで他人にバラしたりすること自体が、ナンセンスな世の中になってきているとも思います。
ちなみに、いま話したような状況は、二丁目に限ったことだと念を押しておきます。地方に行ってみれば、いま私がナンセンスといったことが、まったくナンセンスでない場合だってありうると思いますから。

四軒の店舗の経営者として

櫻田　ところで、二〇年近くレズビアンバーを経営し、ママとして働いてきたことについて、いまどんなことを感じていますか?

菅原　仕事というよりは、ライフワークといっていいかもしれません。うまくいかなくなったら「やめよう」とか「スタイルをかえよう」とか、思ったことがありません。アジトの形態はスナックなんだけど、スナックはどこの街にもあると思うし、スナックにしかない魅力がある。

櫻田　スナックにしかないものとは?

菅原　飲み屋として、平均的であることですか。すごくオシャレではなくて、そこそこの清潔感があって、普段着で来られるお店かな。

櫻田　お客としての私からいうと、スナックはママの個性の魅力がお店の雰囲気を作っているように感じます。それと、ママのお家に遊びに行くような感覚もあります。いつも行けて、自分が話したいことを話せて、それをママが聞いてくれて。あとは、やはり敷居が高すぎないことも私にとっては魅力です。

菅原　そうですね。二〇代から高齢の方まで、幅広いお客様に来てもらえるのも、スナックの特徴かもしれません。年代によって飲み方は違いますが、お互いの飲み方をわかったうえで、ここに集まっていたりします。たとえば年上の人は、自分の言いたいことを若い人に話す。若い人は、それを聴きつつ、年上の人からお酒をご馳走になる。そんな感じの「同意」が、スナックには成立しているような気がします。

櫻田　昔は四、五軒しかなかった二丁目のレズビアンのお店は、いま何軒くらいあるのですか？

菅原　二〇軒くらいはあると思います。若い人が集まる店もあるし、フェチに特化したような店もあるし。

櫻田　ゆっこちゃんは、二丁目で何軒のお店を経営しているのですか？

菅原　いまは四軒です。agitと百合カフェanchor、艶櫻（あでざくら）、そしてawato。お店を増やした理由はシンプルで、うちに来るお客様の話を聴いているうちに、「こういうタイプのお店があったらいいのかもしれないな」と気づいて、新規で開店するといった感じかな。

一番新しい店は、百合カフェanchorと言います。二丁目にレズビアンバーはたくさんあるけれど、百合漫画（ガールズラブ）に特化した店はないと思って、カフェをリニューアルしました。二〇〇〇冊を超える百合漫画を常備しています。二丁目に来るのにはすこし躊躇するけれど、こういう店があるなら来てみよう。そんなふうに思ってくれるお客様が来てくれたらいいな、と思っています。

いくつかお店をやってみたけれど、コンセプトがはまればお客様は来てくださるし、はまらなければ来ていただけません。

あと、他の街でお店をやろうと思ったことはありません。やはり、若い頃から自分が飲み歩いた街であり、自分がお店に立っている街であり、二丁目という街がいいんですね。まあ、銀座に行った時など、「ここにレズビアンバーがあったら、おもしろいだろうな」と思ったりはします。でも、家賃は高いしなぁ、と経営のことを考えてしまったりもしますね。

二丁目を見守って二〇年

櫻田　ゆっこちゃんは、二丁目を二〇年くらい見守っているわけですが、二丁目の変化を感じることはありますか？
菅原　先ほども少し話したけれど、セクシャリティに関してお客様がオープンになってきている傾向はあると思います。ＬＧＢＴＱについて、当事者から一般の人まで、少しずつであれ理解が進んでいるのかもしれません。

私の店には、比較的オープンな人がいらっしゃいます。けれど、世の中にはセクシャリティをオープンにしない・できない人もたくさんいます。そして、そういうお客様を相手に商売をなさっている店も二丁目にはたくさんあります。私のようにメディアに出るママもいれば、出ないママもいます。それぞれの役割があって、それぞれのお客様がいるということですね。

いずれにせよ、私自身は、来たお客様にいい気分で過ごしてもらえるようなお店をやり続けたいと思っているだけです。

変化といえば、お客様にしろスタッフにしろ、若い人たちは親や周りの人にカミングアウトしていることが多いような気がします。とくに東京の人は。私たちが若い頃とは、そのあたりの感覚がぜんぜん違います。

私が五年前からお付き合いしている方も、自分がレズビアンであることを親に知らせていました。私のことを彼女が両親に「私の恋人です」と紹介した時には、ちょっと驚きました。

それまで、恋人として同性のパートナーに紹介されることなどありませんでした。だから、その方とお付き合いをはじめてから、いろいろなことを知ることになります。たとえば、彼女のお母様から私たちに果物が送られてきた。そんな時、ノンケの夫婦だったら、旦那が彼女の実家に電話をかけて、「このたびは……」なんてお礼を言ったりするわけでしょう。あと、お返しの品を選んだり。そんなことを意識したことがなかったので、本当に日々、本来は当たり前だったことを勉強するような感覚です。

櫻田　ゆっこちゃん自身も時代と共にどんどん変わってきているということですね。

菅原　そうそう。五年のあいだに、あわてて成長しているという感じです。彼女と出会うまでは、日常にそれほど大きな変化はありませんでしたから。

親の話でいうと、彼女の親は六〇代。それくらいだと、LGBTQなど世の中の新しい流れについて話しても、理解してくれたりします。でも、私の親は八〇代ですから、新しいことを話してもわかってもらえないと思いますね。言う側もしんどいし、それを受け取る側もしんどい。だから、家族へカミングアウトについては、「ご家庭によって事情が違います」としか言えません。

自分が親にカミングアウトしたら、うまくいったという人もいる。したくても、できない人もいる。してみたら、ぎくしゃくする人もいる。このへんは、本当に人それぞれで、自分の成功体験を人に押しつけるのだけは、やめたほうがいいと思いますね。

同性婚について

櫻田 ゆっこちゃんの言う「付き合っている」って、どんな関係のことなのでしょうか？
菅原 私の場合、大切な相手に対して責任を持つ、という感覚でしょうか。その「責任」の量次第で、「付き合っている」だったり、「結婚」になるのかなと想像していました。
櫻田 その彼女とは、同性婚というかたちで結婚してみたいと思ったりしますか？
菅原 私は、同性婚などあり得ないという時代を生きてきました。だから、結婚を目標にしてきたことはなかったです。

いまの彼女とは、今後もずっと一緒にいられたらいいなと思っています。将来のことを考えると、結婚というかたちでなくても、結婚して家族になった場合の特典みたいなものは、受けられたらいいなとは思いますね。相続のこととか、税金のこととか。

それでも、日本でも同性婚というものが可能になるべきだという気持ちはあります。実際、ほとんど夫婦と同じようなかたちで暮らしている同性パートナーなど、たくさんいるのですから。私の男性の友人には、海外国籍の同性パートナーと一緒になった人がいます。相手の国では同性婚が認められているので結婚しているのに、日本に来るとそれが認められない。そういう事例もあるので、少なくとも日本でも同性婚を選べるようにはしてほしいと思います。

櫻田　東京でも、「東京都パートナーシップ宣誓制度」というのがはじまっています。

菅原　東京都がいったん「やってる感」を出すためにはじめたふうに感じています。それでも、これだけ多くの人がその先に同性婚を求めているということを、世の中に知ってもらう意味があると思います。

お店に出ている時が楽しい

櫻田　ところでゆっこちゃんは、複数の店の経営者でありながら、よくアジトにも出ていますね。

菅原　お店に出ている時が、楽しいんです。お店にいて、嫌なことなどほとんどありませんから。たまに、変なことを言うお客様がいたりもしますが、それはほんの少数です し。

悩みといえば、他の店の経営についてくらいでしょうか。うまく回していくためには、どうすればいいとか、スタッフの配置をどうするとか。

いまは四つのお店を会社組織にしていて、正社員は六人います。二丁目のゲイバーだと、昔から会社組織としてやっている人がいたけれど、レズビアンバーはほとんどありませんでした。だから、私は会社としてちゃんとやってみたかったんですね。

とはいえ、会社はいろいろたいへんです。社員の生活を保障しなければなりませんから。ほとんどお客様が来ないという、コロナ禍もありましたし。コロナ禍では、協力金や支給金のおかげでなんとか社員の生活は守れました。でも、彼女たちには心のダメージがあったと思います。

一応、私は四つの店を経営していますが、アジト以外のお店はそれぞれの店長の個性を活かして、お店を運営してもらっています。それぞれの店長が作っている雰囲気を求めて、お客様が来てくださっているのだと思うし。

私が系列店に対してアドバイスするのは、「店長のお店作り」と「客層」がずれてしまい、お店から違和感を抱く時です。そこは経営者として、むずかしくもあり、おもしろい部分でもあります。

百合カフェは、そのマッチングがうまくいった例になるかもしれません。

二丁目の未来

櫻田　二丁目の未来は、どんな感じになると予想していますか?

菅原　二丁目から離れていってしまう当事者もいるだろうし、変わらず二丁目が心地よいと思ってくださる方もいると思います。レズビアンやゲイの文化が好きだったり、興味がある人は、きっとこれからも二丁目に来てくださることでしょう。これだけ二丁目のことがオープンに語られるようになったので、ストレートの方も増えていくかもしれません。

私が宗久のお店にいくと、自分がレズビアンではなくて「一個人だな」と感じて心地よいのです。「星男」も二丁目にありながら、セクシャリティに限らず、多種多様な人が訪れているということでしょう。

櫻田　私がお店をはじめた時、ゆっこちゃんはどう思って見てましたか?

菅原　宗久がお店をやると聞いて、私はわくわくしました。どんなお店をやるのだろう、と。宗久にしかできないお店をやるのだろうと思ったし。お店という守るべきものができたことで、宗久も変わっていくのだろうとも思いました。

お店をはじめて、本当によかったなって思いました。

〈了〉

Ⅱ

ノンバイナリーかもしれない自分

Tac's Knotの大塚隆史（Taq）さん
〈聞き手：櫻田宗久〉

大塚隆史（おおつか・たかし）

その昔、一世を風靡したラジオ番組「スネークマンショー」に参加し、ゲイのポジティブな生き方を発信。これに影響を受けたゲイは数知れず。1982年、バー「タックスノット」を新宿に開店。現在に至るまで多くのゲイやレズビアンの相談相手として幅広い支持を得ている。この店の人的交流をベースに生まれた別冊宝島のゲイ三部作『ゲイの贈り物』『ゲイのおもちゃ箱』『ゲイの学園天国！』（すべて宝島社）を責任編集。著書に『二丁目からウロコ』（翔泳社→論創社）、『二人で生きる技術』（ポット出版）、訳書に『危険は承知／デレク・ジャーマンの遺言』（アップリンク・河出書房新社刊）がある。また長年に渡り造形作家として数多くの作品を生み出し、独特の世界観を披露し続けている。

櫻田 Tac's Knot（以下、タックスノット）は四〇周年なんですね。

大塚 そうです。今年で四〇周年でした。例年だと五年おきに周年パーティーをやっていたのですが、新型コロナの影響で今回のはまだできていません。

櫻田 先日もタックスノットに来たのですが、やはり独自のお店のカラーがありますよね。私が星男をやりはじめて一一年になりますが、やればやるほど、自分の在り方と近くなってる気がします。

大塚 もう一一年ですか。早いですね。

櫻田 タックスノットで働きだしたのは、僕が三二歳くらいの時。いまの僕は四六歳になりました。

自分がゲイだと気づいた時期

櫻田 タックさんはいつごろから、自分がゲイだと気づいたのでしょうか。

大塚 まず、ゲイという言葉は、思春期を過ぎてから知ったものでした。

男の子が好きだという気持ちは、小学校に入ったあたりから抱いていました。クラスの男の子が好きになって、あの子のおちんちんはどうやったら見ることができるのか、とか考えていました。だから、親がいない時に我が家にその子を呼んで、負けたら服を脱ぐというルールでトランプをやったりしました。つまり、はっきりと性的な目で男の子たちを見ていたということですね。

櫻田　でも、小さい時だと、性的なことってわからなかったりしませんか。

大塚　『二丁目からウロコ』（論創社）っていう本に書いたけれど、僕の場合、たぶん六歳くらいの頃から「うゆうゆ」という体験をしてましたから。父にパチンコ屋に連れていかれ、ひまだから二階と一階をつなぐ階段の手すりにまたがり、上から下にすべる遊びをしているうちに、なんともいえない快感を得た。当然、マスターベーションなんて言葉は知らないので、それを「うゆうゆ」と勝手に呼んでいたわけです。そんなこともあって、パチンコ屋に連れて行かれるのが楽しみで仕方ありませんでした。

とはいえ、そんなにしょっちゅう父はパチンコ屋にいかない。すると、次に僕は学校の登り棒で同じ体験ができることを発見します。うえまで登って、下に降りる時、股の力加減を調整すると気持ちよくなるのです。とくに、好きな男の子のことやおちんちんのことを考えながらそれをやると、「うゆうゆ」な気分が早くおとずれることもわかってきました。女の子のことを考えながらやっても、気持ちよくならなかった。

櫻田　私も保育園の時に、登り棒でそういう体験をしたことがあります。ただし、性的なものかどうかはわからず、ただ気持ちがいいと思っていただけなのですが。友達に教えて、みんなでやったりしてました。

大塚 数年経つと、テレビで観たかっこいいお兄さんのことを考えながらおちんちんを刺激すると、より早く「うゆうゆ」できるようにもなりました。小さい頃だから、精液など出ません。出ないけど気持ちいい。ドライなかたちで気持ちよくなれるのですから、ある意味では最高の状態でした。ようは、小学校の低学年の時には、自分は男の子が好きだということと、おちんちんに刺激を与えると気持ちよくなることに気づいていたんですね。

櫻田 当時の日本社会では、そうした体験を口にしにくかったのではありませんか。

大塚 そのとおりです。だから、男の子が好きだと人に言うことはなかったし、「うゆうゆ」についても人に話すことはありませんでした。

男性の同性愛をどう呼んでいた？

櫻田 当時の日本にゲイという言葉がなかったとお聞きしました。男性の同性愛についてはなんと呼称していたのでしょうか。

大塚 「おかま」って言葉も知らなかったから、なんと呼ばれていたかは知りませんでした。

僕は、見かけも振る舞いも女の子っぽかったので、「おとこおんな」って言われたりしていました。それを言われると、心が傷つきました。だから、いまでも「おとこおんな」と聞くと、ドキッとしてしまいます。嫌な意味で。そして、小学時代の友だちはほとんど女の子ばかりでした。

櫻田　私の場合、小学生の時に「おかま」と言われて言葉の意味もわからず傷ついたことがあります。

大塚　中学になって、男子と仲良くしているのを見られると、「おかま」と言われたりしました。いわれても「それ、なに？」という感じで、あまり言葉の意味を理解していませんでした。だから辞書で調べると、「男色」とか「女性の容姿や言葉遣いをまねる男性」などと掲載されていたので、よい言葉ではないことはなんとなくわかっていました。

小学校の六年間に渡って「うゆうゆ」をやり続けて、中学になってそれがよくないことなのかもしれないとわかった感じでしょうか。いずれにせよ、自分がしてきたことを人に「言わないでよかった」と中学の時に思いましたね。

一九五五年で小学一年、一九六一年で中学一年ですから、「おかま」という言葉がかろうじて流通していたくらい。「ホモ」も「ゲイ」も日本ではまったく一般的ではありませんでした。

櫻田　その頃は、同性愛に関する情報はほとんどなかったのですね。

大塚　ありませんでした。しかし、人からネガティブなことを言われれば、気になるじゃないですか。だから、おもに辞書を使って懸命に調べました。「変態」とか「異常性欲」という言葉などを。他方、性欲がたくさんあって男子が好きな自分は、もしかしたら病気なのではないかと思った時期もあります。

とはいえ、当時の僕としては、他人のおちんちんが見たいとかいう欲望があることよりも、振る舞いが女の子っぽいことのほうが問題でした。前者は言わなければわかりませんが、後者は誰が見てもわかってしまいますから。

さいわい、僕が中高で通ったのは男子校でした。そうなると、同学年に何人かは女の子っぽい人がいるわけです。だから、いじめられたり差別されたりするようなことはなかった。「おとこおんな」と言われた小学生の時のほうがきつかった。

櫻田　私も小学生の時に似たような思いをしました。

なぜ自分が女の子っぽかったのか。私の場合、家に父がいなくて、キョウダイは女性ばかり。だから、家での会話など含めて、完全に女の世界でした。その影響があるのかな、と。幼稚園の時から、女の子の遊びばかりしてたので、もともとそうだったとも言えそうですが。

大塚　僕は両親の元で、ひとりっ子として普通に育ったけど、幼い頃には人形が好きだったりキレイな服が好きだったりという思いはありました。ゲイっていうのはセクシャリティじゃないですか。一方、子どもの頃って、セクシャリティはあまり問題にならないんですよ。ジェンダーのほうが大きな問題だから。このことはあとで話すかもしれないけれど、いまは自分のことをノンバイナリー、つまり性自認や性の表現が男性でもあり女性でもある状態なのかなと思っています。

櫻田　その気持ちは、私もわかります！

はじめての体験は高校時代

大塚　中学くらいになると、男子校だと冗談でおチンチンのもみ合いをすることがあったりして。そういう時は、秘かに盛り上がっていました。

結局、自分がゲイであることは、中学から高校まで徹底的に黙っていました。幸いなことに学校での僕は、性的な関心が薄い「オクテ」と見られていたようでした。だから、そのポジションをうまく利用して、余計なことは話しませんでした。

櫻田　なんだか、私の中高時代の話を聞いているみたいです。

大塚　高校に入った頃、アングラ映画、つまり商業性を無視して作られた前衛的な映画が流行っていました。さそり座という映画館に、よく観にいったんです。すると、横の席から手が出てくるではありませんか。はじめは怖いので、手が出てきても拒否していました。

僕が行っていた学校は受験校で、クラスの半数が東大に行くようなところでした。一方、僕は美術の学校に行くと決めていたので、進学へのプレッシャーは特になかった。そんな状況の中、高校三年になると「今度、さそり座で手が出てきたら、どんな人であってもついていってみよう」と思うようになります。

で、行ったら実際に手が出てきました。その人は、ふたりの膝元にコートをかけて、その場であそこを握られましたよ。そのあと、外に出ようということになり、そのまま二丁目の連れ込み旅館みたいなところに入り、行為に及んだわけです。相手は三〇代半ばくらいの人で、たぶん水商売の人でしょう。昼から映画を観ているのですから。

いま考えてみれば、年の差からいっても「気持ち悪い」と思ったりします。でも、あの時ははじめてのことだったし、「どんな人であってもついていく」と自分で決めたことなので。僕は、けっこう律儀な性格なのです。それでも、好みでない人との行為は苦痛だったのでしょうね。その人が寝ているうちに旅館を出て、外に出たとたんにゲーゲー吐きました。

その一件があってから、僕が好きだった同級生にその時の話をしてみました。もうすぐ卒業だし、いいだろうと思って。彼には、勉強を見てもらうという名目で、お互いの家を行き来していたのです。

でも、話してみると、彼は真面目な顔で言いました。受験間近の大切な時に、そんなことをしていていいのか、と。ところが、別の日にふたりで勉強していると、彼が僕に走り書きのメモを渡すのです。読んでみると、「今度、君ががまんできなくなったら、僕が相手になるよ」と書かれているではありませんか。その直後、ふたりは結ばれたのでした。

この話は、お店でもよくします。はじめは不本意な相手だったけど、思い切って行動を起こしてみたら、そのあとに本命の人と結ばれたというオチで。その人とはそのあとも続き、ときどき会ってエッチをするような感じになり……。

両親は東大に行ってほしかったようですが、僕は受験戦争から逃げ出したかったし、絵が好きだった。だから両親を口説き落として、多摩美術大学への進学を決めました。

ゲイリブとの出会い

大塚　僕は多摩美術大学を受験して無事にうかったのですが、彼は東大受験に失敗してしまいます。なんとなく彼とは、じとーっとした付き合いになってしまった。あと、僕は自分を同性愛者だと理解していた。しかし、彼は僕を「君が、男だからではなく、君だから好きになった」と言うのです。よくあるパターンですが。

大学に入ってからの僕はどんどん羽(はね)を伸ばすようになり、結局、彼とは別れました。

いずれにしても、この頃から男同士の性がどんなものだか、だんだんわかりはじめてきました。

櫻田 男同士の性に関する情報はどうやって入手できたのでしょうか?

大塚 高校二年くらいの時でしたか。僕の実家は自由が丘なのですが、駅前の本屋で"The homosexual explosion"(一九六六年)、つまり『ホモの爆発』という洋書を見つけたのです。タイトルに惹かれてその本を買い、辞書を引きながら夢中で読みました。古来の歴史からはじまり、ホモセクシャルは世界中にいること、そういう人たちが認められていない地域があることなどが書かれていると、なんとなくわかりました。

そして、巻末の資料として、同性愛の人たちが集まって、同人誌を出したりしている会がアメリカにいくつかあると書いてあり、そのリストが掲載されてました。僕は、男性の裸体が見たかったので、写真も掲載しているような同人誌を出しているところをいくつかピックアップして、つたない英語で手紙を書き、出してみました。

しばらく音沙汰はありませんでしたが、半年くらい経った時に、薄っぺらい小冊子がアメリカから届きました。裸の若い男性の写真が載っていて興奮しました。そして、興奮もおさまった頃、その小冊子をよく読むと、ゲイリブ(ゲイ解放運動)に関する情報も載っていました。ゲイリブとは、一九六〇年代から七〇年代に同性愛などの人たちが起こした運動で、周囲の人々へのカミングアウトや自尊心を持つことの重要性、人権の要求などを目指したものでした。

おもしろいものです。僕が近くの本屋で洋書を手に取らなければ、こうした情報を得ることができなかったのですから。たまたま手に取った本が、自分の人生を変えるような役割を担ったといっても過言ではありません。そして、アメリカにはＬＧＢＴに関する情報が日本よりもたくさんあることが、その本を通してなんとなくわかりました。

大学時代に話を戻すと、すぐにゲイの友だちができました。彼とは、お互いにカミングアウトしているので、なんでも語り合うことができた。男同士の付き合いってなんなのか。どんな男が好みなのか。そしてセックスのお話。ノンケ（異性愛者）の男の子と話す時には、いろいろ気を遣わなければなりませんが、その彼とは気遣い無用でした。たったひとりのゲイの友だちがいたおかげで、僕の大学生活はとても豊かなものになったのです。

そうなると、男同士でちゃんとしたセックスや恋愛ができるのかどうか、ということがふたりの話題になることが増えました。話の中で、どうやら二丁目というゲイがたくさんいる街があるらしいよ、となっていくわけです。

櫻田　まだ日本にゲイ雑誌はなかった？

大塚　一九七一年に「薔薇族」の創刊号が出ます。あの黄色い表紙は、いまでも目に焼き付いていますね。「きみとぼくの友愛のマガジン」と銘打ったその雑誌は、例の本屋で輝いていました。

アメリカでゲイ文化の洗礼を受ける

櫻田 当時のゲイリブのことを、もう少しくわしく聞かせてもらえますか。

大塚 アメリカの団体に手紙を出して、ゲイリブなるものの存在を僕は知りました。その後、アメリカの情報を集めようと考え、銀座のイエナ書店という洋書を扱う書店に通いました。もともとグラフィック系の洋書などが充実していたので、その書店には行っていたのですが、ある時、ゲイ関係の雑誌があることに気づくことになります。雑誌を買って、家で読むようになると、ゲイの人たちがオープンに生きていられるアメリカに強い憧れを抱きました。

その頃の僕は、多摩美を出てアーティストになるという夢がかなわず、広告会社でコマーシャルの制作をやってました。思うように生きることができず、「つまらない人生だなあ」などと思っていたんですね。

そこである時、「アメリカへ行こう!」と決心します。働いていて貯めたお金と、親からの借金とで渡航費用を捻出しました。当時、一ドルが三〇〇円で、日本から持ち出せるお金は一〇〇〇ドル分と決まっていました。三〇万円しかないので、大学留学など夢のまた夢。知人から勧められたバーモント州の語学学校で三カ月ほど英語を学ぶことになります。そのあと、ニューヨークで四カ月ほど暮らしました。

ニューヨークでは、ゲイカルチャーやゲイのライフスタイルなどを知るよい機会となりました。まだエイズ禍の前だったので、セックスに関しては「こんなことをして、大丈夫なの?」と思うようなことを、現地のゲイの人たちは平気でやっていましたね。

他方、僕はちょっと女の子っぽかったからかもしれないけれど、当時のアメリカのゲイのようにセックスを徹底的に「やりまくる」みたいな風潮が肌に合わないところがありました。だから、ニューヨークでそういった場面を目の当たりにしても、けっして興奮することはなかった。まるで直撃ドキュメンタリー映画を観ているような気分でした。その一方で、グリニッチビレッジを訪ねた時には、昼間からスーパーの帰りにベンチでなごんでいるようなゲイやレズビアンのカップルを見て、僕は涙が出るほど感動しました。そこには同性愛者の日常生活が当たり前なかたちで現れていたからです。

二丁目は夜だけの街。ゲイの場合、昼間はあくまでもノンケの振りをして過ごし、夜になるとゲイに戻るような感じでしょうか。偽装結婚している場合だと、日中はよき旦那であり、よき父であったりする。そんな状況を見て、「ちょっと違うんじゃないのかな」と僕は思っていました。また、二丁目では長いお付き合いは稀でした。特定のパートナーと末長く暮らしていけたらいいなと僕自身には憧れがありました。その理想が、ニューヨークにはあったんですね。もちろん、見かけたカップルにインタビューしたわけではないので、彼ら彼女らが実際にどう思っているのかはわかりませんが(笑)。

ニューヨークでの暮らしでは、自分なりにアートの糸口を見つけられました。ゲイカップルの理想のかたちも垣間見ることができました。そんな頃、ビザが切れてしまったので帰国しました。一九七五年の話です。

二丁目教育システム

櫻田 帰国して、ふたたび二丁目に通うようになったのですか?
大塚 もちろん。アメリカ滞在は半年だったので、帰ってきた二丁目はなにも変わっていませんでした。どうしてもアメリカと比較してしまう僕は、夜だけのゲイの街である二丁目にうんざりしてしまう。それでもエッチはしたいので、いろんな相手と関わりつつ、そのたびにうんざりする、という日々を送っていましたね。
その頃の日本では、カタカナの「ゲイ」が少しずつ広まりはじめた頃でした。というか、まだ「ホモ」と言うことのほうが多かったような気がします。ゲイといえば「ゲイボーイ」を指していましたね。一方、僕の中ではアメリカ流の「gay」が意識されていたので、そのギャップには違和感がありました。

二丁目では、昨日の夜に誰が誰と寝たなんて話は、翌日になればみんなが知っているような感じでした。ところが、その寝た相手が昼間になにをしているのかは、誰も知らなかったりします。つまり、人と人とが夜だけつながっていることに、人間関係のアンバランスさを感じたりもしました。

当時、二丁目に来ていたゲイの人たちは、「しょせん、おいらは日陰者」みたいなイメージを抱いていた人が多かったんです。アメリカで「ｇａｙ」の洗礼をうけた僕は、彼らと話しているとイライラしてしまうのでした。

櫻田　薔薇族を読んで、当時の大半のゲイの人たちは偽装結婚をしないと世間では生きづらかったのかな、と思ったりもしました。

大塚　二丁目の店で飲んでいるでしょう。そこに大学生くらいの若い人がやってくる。すると、三〇代とか四〇代の先輩たちは、「早く結婚して、子どもを作っちゃえ」とアドバイスしてましたからね。「あとは、いくら遊んでも大丈夫だから」と続くわけです。いま考えてみると、どれだけ女性をないがしろにしているんだ、と思いますが。いずれにせよ、そういった若いゲイの人に対する「二丁目教育システム」みたいなものがあったような気がします。

櫻田　女性の立場を想像して考えると、「早く結婚して、子どもを作っちゃえ」とは到底思えません。

大塚 僕もそうでした。自分の中にある女性性から見たら、そんなシステムはむかっとくるに決まってますよ。

最愛のパートナーとの出会い、そしてお店の開店

大塚 アメリカのゲイリブを自分の目で見た僕は、帰国してからの二丁目を少しうえから目線でながめていました。それでも「誰かと出会う、寝る、別れる、うんざりする」という日々を送っていたんですね。通っていたバーでは、決まったパートナーと長く付き合いたいという僕のことを、「夢見るシャンソン人形」という曲をもじって、「夢見るシャンソンおかま」などと呼ぶ人もいました。ようは、特定のパートナーと長く付き合うなんてことを話すと、ばかにされるような状況だったんですね。当時の二丁目は。

櫻田 実際に、同性同士で長く付きあっている人は、いなかったんですか。

大塚 あとでわかったことだけど、ゲイでカップルになっているような人たちは、二丁目には来ていなかったようでした。のちに僕がバーをやりはじめてわかるのですが。そもそも、カップルでお店に来ていても、自分らがカップルだと言わない人たちもいたりしました。二丁目だと本名を使う人はいませんよね。「しんご」とか「ひろし」とか、ありふれた名前を名乗り、まわりもそれを受け入れるみたいな感じで。まあ、寝たりす

れば、素性を明かす人もいたりしましたけど。

それでも、長く付き合うのもいいよね、と言う人が二丁目にもぼちぼち現れるようになって。そして、僕はカズというパートナーと出会い、一緒に「タックスノット」というお店をやることになるわけです。

お店をやりはじめて、僕たちがカップルだと名乗るようになると、少しずつですが「僕らもカップルなんです」と言うお客様が増えていきました。話を聞くと、一緒に住んでいるというではありませんか。ならば、「今度、私たちも遊びにいってもいい？」という話になり、いってみると別のカップルが遊びに来てたり……。

知りあいでKさんという人がいて、話をしていたらカップルで同棲して七年目という話でした。そんな人たちもいるのか、と驚きました。

櫻田　カズさんは、タックさんと同じように、ゲイであってもカップルとして長く付き合い、一緒に暮らしたりすることを望む考え方だったのですか？

大塚　はじめはそうでもなかったですね。彼は、人生が楽しければいいという考えの持ち主でした。それでも、僕と付き合うことについては「それもいいよね」といった感じで、協調してくれていたようです。そして、「先のことはわからないけど、僕はタックのことが好きだよ」と言ってくれて、この人は信用できると思いました。その気持ちを忘れずに、一緒に暮らしてみましょう、というかたちで同棲がはじまりました。

押入れの中に閉じこもるのをやめて表に出てくる

櫻田 その頃、タックさんは周囲にカミングアウトしていたのでしょうか？

大塚 大学の時に、母親にはカミングアウトしました。アメリカの雑誌に「親にカミングアウトする時には、タイミングをよく見て、親の気分がいい時に」なんてアドバイスがあったのを覚えています。母親に知らせたところ、「パパには黙っていてね」と言われました。

何年かして、カズと出会った時、はずかしながら僕ははじめて家を出たのです。当時、三〇歳でした。その時、父には「男と暮らすから、家を出る」と告げました。僕は、あまり父が好きではなかったので、怒ってもいいやと半ば投げやりな気持ちで話しました。すると「おお、そうか」の一言で済んでしまったので、拍子抜けした覚えがあります。

親戚へのカミングアウトは、ちょっと難関でした。お店をはじめたのが一九八二年なんですが、その一年前に銀座で個展をやりました。その時に、親戚の叔母たちが来てくれた。僕の母は九人姉妹で、八人の叔母が来たんですね。話しているうちに、ある叔母が「たーちゃんも、早く結婚したほうがいいね」と言いだしたところへ、僕は「日本では、男同士で結婚できないんだよね」と言い返してカミングアウトを済ませました。みんな目を丸くしてましたけど……。

僕は運動をやっていたわけでもなかったけれど、なぜか気分は常に戦闘的でした。そして、「受け入れられなかったらどうしよう」という思いも、とくに抱きませんでした。受け入れられないのは、相手がバカだからと思ってましたから（笑）。大切な人との関係を秘密にしなければならないなんて、おかしいじゃないですか。

櫻田　そもそも、一九七〇〜八〇年代にカミングアウトという言葉は使われていたのでしょうか。

大塚　伏見憲明さんによれば、七〇年代に僕が雑誌「宝島」で使ったのが、はじめてだったとのことです。だから、日本では八〇年代になってからようやく使われ出したような言葉なのではありませんか。

言葉の発祥は、アメリカでゲイリブが進む中、押入れの中に閉じこもるのをやめて表に出てくること（カミング・アウト・オブ・クローゼット）が、これまで自らが公にしていなかったことを表明するという意味に使われはじめたことです。とんでもない癖や出来事を表明するのに使ったりする人もいますが、当事者がなかなか公にできなかったことを表明するのが本義です。意味を理解していないのにカミングアウトの言葉を使うのはどうかとは思います。

櫻田　日本ではまだカミングアウトという概念が広まっていなかった時点で、タックさんはすでにその言葉を理解し、使っていたということなのですね。

大塚　そう言われてみると、そうかもしれしません。

アメリカでは、ゲイリブのような運動体によって作られ、使われる言葉でした。一方、僕は特に運動体には興味がありません。だから、のちに日本でもゲイの運動が盛んになっていくわけですが、僕はちょっと違う立ち位置にいたような気がします。

メディアと関わり続けていた頃

大塚　一九七〇年代にはラジオ「スネークマンショー」にパーソナリティとして参加して、ゲイであることを前面に出して話していました。けれど、二丁目をはじめとするゲイのコミュニティの中では、それほど話題になっていなかったような気もします。それは、僕が彼らとかなり違ったかたちの生き方をしていたからかもしれません。いうなれば、突然変異のゲイだったのかも……。

櫻田　「スネークマンショー」に出演するきっかけを教えてください。

大塚　アメリカから帰国した時点では、もうゲイであることを隠さなくてよい職場で働きたいと思っていました。そんな時、たまたま「薔薇族」という雑誌を読んだら、巻末に掲載されている編集長のあとがきに、ビジネスパートナーの藤田竜さんが辞めて困っているとき書いてあったんです。編集長は、いうまでもなく伊藤文學さんです。それを読んで、僕は編集スタッフになりたいと同編集部に応募しました。それでスタッフになったんですね。

で、僕が関わった号でおじいさんのヌードを掲載したら、それが衝撃的だったようでした。すると、自分が作り上げた本が壊れていくと危機感を抱いた藤田さんが急遽戻ってきて、結局僕は弾き出されてしまうことに。

とあるゲイバーで、そんな経緯を話していたら、偶然そこに雑誌「アドン」の編集長だった南定四郎さんがいらしてたんです。「うちで働かないか」ということになり、サポートスタッフとして働きはじめました。もともと僕はアートディレクター的な仕事の経験があるので、当時アドンが創刊準備をしていた「MLMW」のアートディレクションを担当することになりました。しばらくすると「社員にならないか」と南さんに誘われたのですが、「僕は雑誌の仕事がしたいのではなくてアートがしたい」などと偉そうに考えていたので、断りました。で、結局、この編集部からも弾き出されてしまう結果に（笑）。

話は続きます。「アドン」にいた時に雑誌「POPEYE」が取材に来ました。その取材を通じて編集者と仲良くなったのですが、「アドン」を辞めたことをつげると、同誌でコラムを書いてみないかと言ってくれました。彼は僕に興味を持ってくれたようです。こうして同誌ではじまったのが「シスターボーイの千夜一夜物語」というコラムです。さらに、そのコラムを読んでいた音楽プロデューサーの桑原茂一さんに誘われて、「スネークマンショー」に出演することになったのが、その後の流れです。

ラジオでは、自由に発言していました。「ゲイ」という言葉が、アメリカではプライドを含めたかたちで使われていること。「カミングアウト」という言葉の意味。そんなことを、ある意味で啓蒙するようなかたちで発信していましたね。

男同士で一緒に暮らすことの意味

櫻田　カズさんとは、ゲイリブの話などはしなかったのでしょうか。

大塚　まずは、一緒に暮らしてみようという感じでした。ゲイの運動がどうこうというよりも、彼はご飯が作れないから僕が作ってあげて、そうすると彼は楽だから僕と一緒にいるわけです。女性が結婚する時に「男性の胃袋をつかめ」とかいうでしょう。その気持ち、僕にはよくわかります。カズは、シャンソン歌手になるのが夢でした。だから、夢に向かって走っていた。でも、いいことばかりじゃありませんよね。そんな時、家に帰ると僕がいて、あーだこーだと話せると、気持ちが落ち着くじゃないですか。

そうこうしているうちに、彼は女性と結婚するつもりだったけれど、ずっと僕と一緒にいてもいいかなと思ってくれたようで。もちろん、僕も彼と一緒にいるのが楽しかった。一九八二年になると、開店資金は自分の親が貯めていた結婚資金を借りてくればいいから、一緒にお店をやろうと彼が言ってくれました。彼は話が得意ではないので、店では僕が話せばいい。自分はお酒が強いから、それを担当する！　そういう経緯ではじまったのが「タックスノット」なのです。

櫻田　当時のゲイの方たちは、現在の状況からすると相当にたいへんなことが多かったと思います。しかし、タックさんの話を聴いていると、たいへんでありながらも、男同士で一緒に暮らすということやパートナーシップを築きあげることに切磋琢磨しながら、自分らしく幸せに生きる道を真摯に向きあって選んでこられたように思います。

大塚　カズとの出会いがあったあとは、同じように男同士で暮らしている人たちと出会う機会も増え、コミュニティができたりもしました。そうなると、「結婚して、早く子どもを作って……」なんていう二丁目でいわれていたゲイの姿なんて、どうでもよくなる。だって、好きな人間同士で暮らしているからこそ、楽しいんですから。

こういう流れの中でお店を開いたので、カズとは「この店は、男同士のカップルを応援する店にしようね」といつも言ってました。

櫻田　考えてみれば、いまでも男同士のカップルで長く一緒に暮らしているという例はまだまだ少ないように思えます。

大塚　いまはパートナーという言葉がよく使われていますね。一緒に暮らしていなくても、メインの相手をパートナーと呼び、長く付き合うようなケースは増えているような気がします。同性婚という言葉もよく聞くようになりました。
櫻田　タックさんたちが切り開いてくれたからこそ、男同士で長く付き合ったり、一緒に暮らしてもいいという文化が、ゲイの中で根付いていったのでしょうね。
大塚　そうはいっても、僕にはそれほど伝播させる力はありません。身近な人たちに自分のことを知ってもらい、それを知った人が別の人に……、というかたちで少しずつ広まっていったんだと思います。

昔のお客様は「回遊魚」

櫻田　お店をはじめた頃の二丁目の状況は、どんな感じだったのですか。
大塚　もちろん僕の偏見に満ちた目線から見た当時の二丁目の様子ですが、とにかく「暗い」というのがありました。もっと明るくしなければ、と思っていました。だから、お店をやるのにあたって、とにかく照明は明るくしたのです。いまは少しは暗めにしていますが、オープン当時は「手術室みたい」とお客様に言われるくらい明るかった。
あとは、さきほど述べたように、男同士のカップルが気軽に入れるようにすることと、僕がアート好きだったのでギャラリーの要素も含めることを、お店のコンセプトにしました。僕がバーをはじめた頃には、二丁目にも新しい感覚のお店がぽつりぽつりと出はじめていましたね。

二丁目にもともと多かったのは、カウンターがあって、中の人が面白おかしくいろいろしゃべって、お客様の相手をするようなお店でした。ところが、ある時期から中の人は話さずお酒を出すだけで、洒落た音楽がかかるようなお店も出はじめた。「これなら、僕たちにもできる」と思ったのも、僕たちがお店を出したきっかけです。でも、僕はおしゃべりだから、放っておいても話しちゃうんですけど。

開店前に、僕が師匠だと思っているクロちゃんという人に相談しました。すると彼は、「あんた、友だちも多いし、しゃべりもうまいから大丈夫よ」と言われて、少し自信を持てました。さらに、「この世界は、店主がしゃべらなかったらしゃべる客が来るし、店主がブスだったら自分の顔を自慢したい客が来るから」とも言われました。当時は、いまよりのんびりした時代だったから、そんなふうに励まされたことでお店を開けたりしました。いまはどうかといえば、なにかしら工夫をしないと、二丁目でお店をはじめるのはたいへんだと思います。四〇年前とは、だいぶ様子が変わってきているので。

この話も『二丁目からウロコ』という本に書いたけれど、昔はお客様が回遊する文化がありました。回遊する店の中のひとつになれば、それなりに食べていけたのです。一方、いまは回遊するお客様は減って、特定の店に入り浸る、いわゆる「タコ壺化」しているような気がします。

お店が情報のハブになる

櫻田 長年、バーをやっていて「これが醍醐味」と思えたことって、なにかありますか。

大塚 まず、いまのパートナーをこの店でゲットできた、というのがあります。たくさんの友人もこの店を通じて知り合えました。あと、ムックや本を書いてきましたが、すべてこの店での体験や人脈が生かされています。

つまり、僕の人生はすべてこの店から手に入れている、ということです。

長年、通ってくれている常連さんは、それぞれ自分らでコミュニティを作っています。僕のお店が、それらのコミュニティのハブみたいになっているような気がします。

あと、タックさんは二丁目を見続けて……、なんて言われるけれど、じつは僕は自分のお店しか知りません。僕はお酒が飲めないので、他の店にはほとんど行きません。お客様やお店を手伝ってくれる人たちからゲットした情報で、ゲイの社会や二丁目の様子がわかります。でも、二丁目全体の変化なんて、僕が実際目にしているものではないんですよ。

櫻田　やめようと思ったことは、なかったのですか。

大塚　実は、僕は水商売に偏見があったんです。酒も飲まなかったし……というか飲まなかったのは、父が酒乱だったからです。だから、酒に対する「偏見」のようなものを、ずっと持っていました。はじめはお店を出すことに消極的でした。かつ、きっとお客様が「カネを払っているのはこっちだから、黙って話しを聴け」みたいな状況になるのも、いやだと思っていました。お店をやってみると、じつはそれが思いこみだったことがわかるわけですが。

とはいえ、酒への「偏見」はしばらくあったので、開店当時は自尊心を傷つけられて、「辞めたい」と愚痴る日もありました。でも、カズが「そんなバカは、放っておけばいいのよ」なんて励ましてくれて、「そういうものなのかな」と思うようになりました。彼に救われながら、お店を続けたような感じですね。

櫻田　話を聞いていると、私の人生との不思議な相似を改めて感じます。そして、カズさんとは本当によいパートナーシップを結んでいたのですね。

大塚　ゲイの世界では、僕のことを「パートナーシップ教」の教祖だとかいう人もいます。でもね、僕にとっては実感があるから、パートナーシップを人に勧められるのです。気に入った人とよい関係を続けられれば、人生を共に過ごすこともできることを、僕は実感として知っているのですから。

自分では変われなかったことが、信頼している人の一言によって変われるようになった。彼だって、僕からの影響で変わることもあったでしょう。あくまでも自分の例になりますが、パートナーシップがよい方向に進んでいけば、自分もよい方向に進んでいけるんだと思うのです。そう進んでいくために、お互いの努力が必要なのは、いうまでもありません。

櫻田　私もタックさんのお店で働いた経験の中で感じたのですが、タックさんはお店の中でもお客様とパートナーシップを結ぶような姿勢に満ちていたような気がします。

大塚　そう言われると、ちょっと嬉しいですね。というのも、僕は運動みたいなものには向いていないけれど、ゲイリブの思想には救われた人間だからです。そして、ゲイリブに救われたのだから、ゲイリブに恩返しをしたいという気持ちがある。でも、運動は得意じゃない。

僕なりの恩返しの方法は、けっして運動というかたちではなく、お店の中で、一対一で、ゲイリブの思想を伝えていくことなんです。それが、宗久さんがいう「パートナーシップを結ぶような姿勢」として現れていたなら、嬉しいことだと言えます。

カミングアウトをどう考えるか

櫻田　カミングアウトの話に戻します。いまの時代であっても、ゲイであることをカミングアウトすることには、まだまだ高いハードルがあるように思います。私自身は、ある意味で「各人が好きにすればいい」と思ってしまっているところもあります。
　タックさんは、とても早い時期に自身がカミングアウトをして、その言葉の中身を他者に伝えてきました。そんなタックさんから見て、いまだにカミングアウトしにくい世の中について、どう見えるのでしょうか。

大塚　カミングアウトについては、時代の問題があると思います。たとえば、僕がラジオをやっていた一九七九年末くらいの時期にSNSがあったら、当時のような過激なことは言えなかったと思います。だから、いまのようになにか一言いったら、すぐにSNSなどで広まってしまうような状況だと、なにかを発信すること自体がむずかしくなっているような気もします。発信したとしても、まわりの目を気にしながらということになる。
　他方、アメリカにスタンドアップコメディというものがあります。小さな空間でコメディアンが言いたいことを言うような形式のコメディです。僕は、自分のお店がそういう空間だと思っています。もちろん、その時にいるお客様の様子は見るけれど、「タックさんがあんなこと言っていた」などといちいち外で言わないようなお客様がいる中で、僕とお客様が対話をしてきたような気がしますね。

僕は、SNSをほとんどやっていません。なぜか。SNSになにかを書きはじめると、今度は書かないことにも意味が生じてしまうからです。知りあいの個展に行って、別の知りあいの個展には行かなかったとする。で、前者の個展に行ったと発信した場合、なんで後者の個展に行かなかったのか、という話になる。そうなると、めんどうですよね。

櫻田　私もSNSの使い方には、いろいろ迷うところが多いんです。たしかに、自分が発信した情報が、なにも知らない人に伝わることに意味はあると思います。でも、発信した情報をすべての人がポジティブにとらえているとは限らない。時にはネガティブに受け取った人が、発信者を誹謗中傷するようなことは、Twitter（現「X」）などで数多く見られます。

大塚　テレビや雑誌などで情報を発信する時には、僕もかなり気を遣います。僕自身のことを発信するのは、いくらしてもかまわない。しかし、僕が発信したことが「ゲイ」に関連づけられると、どうしても緊張しながら発言せざるをえなくなります。

カミングアウトに関していうと、僕はそれを誰かとの関係を構築するための手段だと考えています。つまり、誰かとの関係性をよりよくするためのものだ、と。よって、よい関係が構築できないようなものは、カミングアウトとしてどうなのかと思ってたりもします。そうなると、まわりの状況や関係性などに注意を払ったうえで、おこなったほうがよいといまは思っています。以前の僕は、カミングアウトしても相手がわからなければ、相手がバカなんだと思っていました。でも、いまは違います。

親にカミングアウトすることについて、いろんな議論があります。僕は、その人が親とどんな関係を構築したいのか、が問題になると思うのです。そして、もし今後の人生も親と強く関わりを持っていくつもりならば、カミングアウトしたほうがいいのではないか、とは思います。ようは、カミングアウトというのは、基本的に一対一でおこなうものであり、双方の関係性がよい方向に構築される可能性がある時に、するものだと僕は思います。

一方、SNSを含めて、公共でカミングアウトすることについては、熟慮したほうがよいでしょう。情報を受け取ったすべての人との関係性を構築することなど、無理なのですから。

あと、いろんな事情があったりして、当事者がカミングアウトしづらいというのは仕方ないと思います。でも、当事者ではない人たちが、カミングアウトするのはおかしいとかまちがっているというのだけは、やめてもらいたい。

長い時間をかけて、少しずつカミングアウトした人たちが増えた結果、いまのように

ＬＧＢＴが認知されたという歴史があります。それでも、まだまだカミングアウトできず、不本意に暮らしている人もいます。そういう人たちのひとりでも多くが、息が楽にできるような生活ができたらいいな、と思っています。

櫻田 私の場合は、二〇歳の時に大好きな彼ができて、それをきっかけにありのままの自分をさらけだそうと決意しました。当時は、テレビや映画などに出演していましたが、事務所に話したうえで、少しずつカミングアウトしていきました。その時に思ったのは、芸能界にはそうやってカミングアウトする人がほとんどいない、ということでした。なぜ人を好きになるという根源的で素敵なことを人に話してはいけないのか、と私はずっと疑問に思っていたんです。

そうこうしているうちに、タックさんと出会ったり、自分で店を出すようになったわけですが。タックさんのように、ゲイとしてのプライドを持ちながら生きている人の存在は、私にとってとてもありがたく、刺激的だったし、参考にもなりました。

二丁目が生きのびることができる可能性

櫻田 タックさんは、「星男」について、どんな印象を抱いていますか。

大塚 すごいお店だと思っています。長く続けているし、なんといってもカルチャーの店というコンセプトが全面に出ていて。あと、僕は「ゲイ」にこだわって店を運営しているけれど、あなたの店はセクシャリティというよりも、サブカルチャーも含めた多様なものを受け入れているような感じがします。

櫻田　とても嬉しいです。私も店をオープンした当初は、二丁目で店をやるのだから、ゲイとしてのプライドを持ってやろうと思っていました。ところが、長くやるうちに、私がゲイであることは自分にとってごく普通のことになり、とりわけプライドを持つ必然性を感じなくなってしまいました。

気づいた時には、自分がゲイであることを意識したうえで付き合う人が、ほとんどいなくなっていました。私は会う人のすべてに自分がゲイだと言っているので、まわりの人もそれが当たり前になってきて、取り立てて意識していないのかもしれませんが。

セクシャリティやジェンダーに気遣うことなく、ただただ気が合うという人たちが私のまわりに増えてきた実感がありました。だからこそ、私のお店はそういう人たちが集まる場所にしたいな、というのがありましたね。

タックさんがあるインタビューで「これからの二丁目は、どうなっていくのですか」と聴かれた時に、これからはセクシャリティやジェンダーに限らず、生きづらかったり傷を抱えた人たちが、気軽に集まれるような場所がたくさんあるような街になっていくのでは、と答えていました。あの言葉に、私は感動しました。

大塚　あれは、あなたの店のことをイメージしながら答えました。

旧態然とした二丁目が、もはや地盤沈下しているとか、もう終わりだなどと言われたりすることもあります。そんな中でも、あなたの店を見ていると、二丁目が今後も生きのびられる可能性を感じます。疎外感を感じていたり、まわりに受け入れられないと感じる人は、今後も増えていくと僕は思っています。そういう人たちが、あなたがやっているようなタイプの店にいくと救われたり癒やされたりする。

さらに、これまで二丁目のお店が築いてきた、鬱屈したゲイを楽しませるようなお店の人たちの会話やノウハウというものは、いま言ったような客層の対応に、役立つのではないかと思ったりもします。

私はノンバイナリーかもしれない

大塚　最後に、ノンバイナリーについてお話ししましょう。
ノンバイナリーという言葉は、ここ四～五年くらいに日本でも言われるようになりました。テレビ番組でも、「あなたはノンバイナリー？」とか「Xジェンダー？」などと問いかける場面を見たりしました。僕はずっと気になっていたものの、自分にはあまり関係ないとも思っていました。ところが、二〇一九年にイギリスのサム・スミスという歌手が、自身がノンバイナリーであることをカミングアウトした。驚きました。二〇二一年には、宇多田ヒカルも同様にカミングアウトします。

　僕は男性であり、ゲイであり、男の領域を広げるんだと思いながら、男同士のパートナーシップを広めようと試みていたわけです。男性にできないのは出産と授乳くらいで、あとは女性と同じことができるんだ、と。そんな僕が、このふたりのカミングアウトを知って、少なからず衝撃を受けました。

　宇多田ヒカルが、自身がノンバイナリーだと思った経緯についてはいろいろ情報を読んでみましたが、その真意はよくわからなかった。でも、その「よくわからない」という部分に、僕は意味があるのではないかと考えるようになりました。

　僕の場合、ゲイであり、かなり女っぽい部分があることを自覚している。でも、ドラァグクイーンのような派手さとかカリカチュアは求めていない。とにかく、男でありながら、女であることも求めていたりする。そんな状態の僕は、ノンバイナリーという言葉を知って、これまでの自分の物の見方のようなものが大きく揺さぶられるような気がしました。

　振り返って見れば、ゲイリブというよく斬れる刀をたずさえて障害を切り開いて生きてきました。ゲイとは、男が男を好きになる人たちのこと。ずっとそう思ってきた僕が、一周回っていまは「ノンバイナリーかもしれない」と考えるにいたったわけです。

いまのところ、自分が宣言すればそれで済む言葉だし、少しずつ育っているような言葉がノンバイナリーであるような気がして。そういう感じが、自分にとってしっくりくるんですよね。

櫻田　私も、まったく同じ感慨で正直驚きました。

男という実感がそれほどないのに、まわりからは男と見られる。対して、女になりたいという気持ちもないが、女っぽいと言われ、男を好きになったりする。まわりから男と見られることは、けっしていやではないんですけどね。そんな状況に、ずっと違和感を抱いてきました。

大塚　僕もゲイの男として、ずっと生きていました。でもね、僕の奥のほうから「私を外に出して」という女の声が聞こえていたんです。その声を押さえつけてきたところがあります。ノンバイナリーということで、その声を抑えず、前面に出してみると、それはそれで楽になったりしました。

さらに、自分は「ゲイ」を名乗ってきたけれど、よくよく考えてみると、ゲイという言葉にはある種の欺瞞性があることに気づきます。ゲイという時に、まず「自分は男で」という話になる。そのあと「相手も男で」となるわけです。しかし、考えてみれば相手が男かどうかなんて、重要じゃないじゃないですか。たとえば、僕には好きなタイプの顔や体型や考え方がありますよね。そのタイプこそがなにより重要で、極端に言えば、そのタイプから外れた、興味がない人については男であろうと女であろうと性的な対象ではないわけです。つまり、男か女かではなくて、性的な関心をひくかどうかという部分こそ、僕が注目しているわけです。

そういう意味では、言葉として、『性的指向』が正しくて『性的嗜好』はまちがいと言われるけれど、僕は『性的嗜好』のほうが合っているような気がします。以前は、店でお客様に「指向きが正しく、嗜好じゃなくて指向だからね」などと言ってましたが、いまはその言い方に自分で違和感をいだいています。

櫻田　私は、便宜上「ゲイ」といっている感覚があります。自分においても、かなり繊細で複雑なものなので初対面の相手に説明をするのが難しく思えてしまうんです。

大塚　その感覚は、わかります。

例えば、僕が九七パーセントが男で、三パーセントが女だとしても、僕にはその三パーセントが大事なんです。その三パーセントを、ある時期までは「ない」ことにしていたところがあります。いまは、その三パーセントを大事にしていきたいし、そういう意味でノンバイナリーという言葉がしっくりくるんですよね。そのほうが自由になれると思いますし。

櫻田　人って、どんどん変わっていきますよね。タックさんの変化は、日々の気づきの中から繊細に自分の本心をすくいあげ本来の自分に戻っていく道程に思え、素敵です。

自分を応援していきたい

櫻田 最後に、タックさんにとって、二丁目とはどんな街かを聞かせてください。

大塚 僕にとっての二丁目は、タックスノット。そして、そのタックスノットが僕になにを与えてくれたかといえば、すべてですね。

櫻田 私のお店はアートバーで、そもそもタックスノットがアートバーとして存在しているのを見て、自分もやってみようと思った経緯があります。いま、タックさんは、お店とアートの関係をどう考えているのでしょうか。

大塚 はじめの頃は、僕がこんなところで働くのはまちがっている、なんて思いこんでいました。だから、店内にアートを展示することで、自分のアーティストとしてのプライドみたいなものを維持していたんですね。

ところが、店を一〇年くらい続けた時に、その考え方はまちがっていると気づきました。ゲイバーとアートをセットで展開してこそ、タックスノットというお店だということに。

櫻田 最近の展示は、ご自身の作品が多いようですが。

大塚　七三歳になった時、ふと気づきました。このお店で数多くのアーティストを応援してきましたが、自分は応援してこなかった。ならば、これから先、生きているあいだはアーティストとしての自分も応援していこう、と。

このお店が、世界でひとつの「いつでもタックさんの作品が見られる場所」となればいいいんじゃないかと思っています（笑）。

〈了〉

「星男」という現在進行形のストーリー――あとがきに代えて

二〇二一年六月、私は二四年ぶりに北海道にいた。私の家族の故郷である夕張の地名が、「大夕張」という名前だったことは以前から母に聞いていて知っていた。しかし、その地名はいまはなく、人工の湖「シューパロ湖」の中にその街は沈んでいた。そのことをほんのひと月前に知って衝撃を受けて、行くことを決めた。

シューパロ湖は、渇水状態になると当時の町の建造物が現れる。橋や道路、ガードレール等、当時のまま残されて沈んでいる。その湖を、湖に沈んだ家族の故郷を、実際に見てみたいと思った。そして、不思議とそのことが自分の幼少期とオーバーラップしているような感覚を持ったのだ。

記憶は、まるで水の中に沈んだ街のように温存されながら、実体をつかもうとしても泡沫に消え、捉えられない感覚がある。確かにそこにあったはずなのに、幻のようだ。私が体験した家族の物語や自分のゲイとしての物語を今回振り返って、同じような感覚を持った。

そして、この世界の実体がつかめず、ゆらゆらと水の中にいるように、当時の自分は自分の生きる道を模索していた。父親のことを書いている時は、実際に涙がとめどなく溢れてしまい、私の部屋はまるで湖の中に沈んでしまったようだった。

私が写真家として発表してきたここ数年の作品のテーマが「Fluid」（流動的な、液体などの意）というシリーズで、カメラレンズの前にグラスや水槽を掲げ水中を連想させて写したり、水面に写った人物を撮影するというものだった。私のバーでの仕事も水商売とも呼ばれる。水が私の人生に大きく関わっているという不思議な共通性も感じた。

なぜ「Fluid」というシリーズをはじめたのかというと、ジェンダーフルイドという言葉を知り、その概念に興味を持ったからだった。「流動的な性」の意味を持ち、性自認を「男性」「女性」に固定せず、性の認識が流動的に変わることを意味している。

今回、本文の中で私は「ゲイ」という言葉で自身を表している。幼少時から最近にいたる、性自認の認識をする前の話が多かったことから、その言葉を採用した。現在では「クィア」と表したほうが適切なのではないかと思っている。

私は、幼少時から自分の性自認が男性でも女性でもない感覚があった。性表現は男性のままで問題がなかったことから、小さな違和感を感じながらも、深く踏み込んで考えたことがなかった。いまは、性自認が男性でも女性でもなく、性表現に関してはもともとの性を表現することに違和がないという在り方の言葉として「Xジェンダー」という言葉がある。「ノンバイナリー」も性表現以外は同じ意味を持ち、私にはそれらが当てはまるが、いまはまだ慣れていないのが本音のところだ。だから、そういった人々の総称としての「クィア」という言葉が一番しっくりくるという感覚だ。そして、私の性対象が男性だったことから、これまで自分がゲイということに疑問を持たなかった。

このように、性の問題は現在、とても細やかで、当事者としてありがたい反面、自分でもややこしくなることもある。しかし、新しい言葉と概念が生まれ、つねに更新していけるようなかたちに少しずつなっていっていることは、とても嬉しいことだ。同じままでいなくてはいけないということはないし、決めつけるのは自他ともに苦しくなるものだと思う。ていねいに現在の自分を見つめて、捉え直していくことが大切だと感じている。

今回、インタビューをさせていただいた菅原有紀子さんと大塚隆史さん。私はおふたりに、長い時間お世話になり、たくさんの影響を受けてきた。そんなおふたりの、時代と共に変化していく新宿二丁目とご自身のお話を伺えたことは、とても貴重なことでした。ありがとうございました。

この文章を書いている時に、星男によく来ていただいている漫画家の新井英樹さんの新刊『ＳＰＵＮＫ－スパンク！－』が発売された。この漫画は、こちらも星男で出会って仲良くさせていただいているＳＭの女王様で、「カミングアウトサロン・ユリイカ」のオーナーである鏡ゆみこさんが参謀として参加している。

その漫画の中で、星男が「ｂａｒほしのこ」として出てくる。私は、「つばさくん」という登場人物のモデルとなっており、漫画の中での彼は、笑ってしまうほどひどい人なのだ。しかし、読んでいて星男での出来事や私自身の話と重なる部分を感じた。とくに重なったのは、他者との関係において、できるだけありのままの感情を正直に吐露しながらコミュニケーションをとる、という在り方だった。

漫画の中では、素直で正直な感情を表していく登場人物たちが、いろいろなハプニングを起こす。表面的に読むと、けっしてスマートではなく泥臭く感じるかもしれない。だが、嘘のないコミュニケーションをとることで、登場人物の心が生き生きと描かれ、人間本来の生々しい輝きが溢れ出す描写に心が惹かれた。

この本のタイトルである「ひとりの宇宙」は、独立したそれぞれの世界をもつ唯一の人という意味を持つ。ひとりなので、マイノリティーでもマジョリティーでもない。宇宙なので、同じ宇宙はありえない。それくらい違うという意識を持って、お互いに尊厳を持って他人と関わり合いたいという表明でもある。

私たちは現実の世界で、社会の在りように右往左往させられながら生きている。しかし、本来の自分に戻って、違いを認めながら、正直に他人と関わり合うこと。それが現代において、とても重要なことなのではないか。そして、この星男という場所で私は唯一の宇宙とも呼びたい、個性の強い方たちと心を震わせながら、お付き合いをさせてもらうことができた。それは、小さい時からの夢だったような気がする。星男でそんな仲間がいっぱいできたことは、私の宝物と胸を張って言える。

思えば、ひとりぼっちだと感じていた私が、人に対して心を開けるようになり、これまでの道を歩んでこれたのは、たくさんの優しいみなさまに支えられてきたからだった。関わってくださったすべての方たちに感謝を送りたい。そして、本を出版させていただく機会をくださった編集者の谷川茂さんには、たいへんお世話になりました。はじめての本を谷川さんと作れることができて幸せです。谷川さんを紹介していただいた内田春菊さん、星男のキャラクターを描いてくださった宇野亜喜良さんにも感謝を申し上げます。

星男を一緒に作ったソワレ、ソワレとのご縁を作ってくれた真珠子さん、ヴィヴィアン佐藤さん、設計のへいちゃん、内装の金ちゃん、星男のスタッフ、星男に毎回新しい風を運んでくれるアーティストたち、これまで星男にお越しいただいたお客様、そして私の家族と元恋人のJ、この本に登場していただいた多くのみなさまにも心からの感謝を申し上げます。

そして、素敵な帯の文章を書いてくださった同郷の仲間、綾小路翔さんにも心からお礼を申し上げます。地元にいた時から、あなたは唯一無二の宇宙でした。

一夜の出会いが人生を変えることがあり、そんな奇跡を星男で数多く見てきた。お店に来ていただいたり関わってくださった方々の、ここには書けなかった素敵なエピソードも無数にあり、それは現在も進行中のストーリーだ。進行中の星男の世界にも、ぜひ遊びにいらしてください。

最後に星男くん、ありがとう。これからも末長くよろしくね。

二〇二三年一一月、小雨が降るある夜に

櫻田宗久

著者近影（撮影　長谷川栄介）

櫻田宗久（さくらだ・むねひさ）

1976年、千葉県木更津出身。写真家、モデル、俳優、歌手。1993年、男性向けファッション誌を中心にモデル活動を開始。1997年に「愛の奴隷」にてCDデビュー。2001年、吉川ひなのと音楽ユニット「☆Spica☆」を結成した。その後、写真家としての活動を始める。2011年に「アート＆ミュージックバー星男」の経営を開始し、現在にいたる。

論創ノンフィクション 046

ひとりの宇宙 新宿二丁目「星男」とクィアな私の物語

2024年1月1日　初版第1刷発行

著　者　櫻田宗久

発行者　森下紀夫

発行所　論創社

東京都千代田区神田神保町 2-23　北井ビル

電話　03（3264）5254　振替口座　00160-1-155266

カバーデザイン　奥定泰之

組版・本文デザイン　アジュール

校　正　内田ふみ子

印刷・製本　精文堂印刷株式会社

編　集　谷川 茂

ISBN 978-4-8460-2264-8 C0036